MW00775362

Questo libro, anche se narra di eventi reali, è un'opera di fantasia. Ogni riferimento a persone, luoghi ed eventi realmente esistiti è rielaborato dall'immaginazione. Gli altri nomi, personaggi, luoghi ed eventi sono prodotto della creatività dell'autore e ogni rassomiglianza con eventi, luoghi o persone reali, viventi o defunte, è puramente casuale.

Il Profumo di Mio Padre

Breve Storia di Musica e Malavita

di Domenico Sisto

Copertina, disegni e progetto grafico:

MG Creative Studio

I Edizione: Marzo 2022

www.cnimusic.it

www.facebook.com/cnicompagnianuoveindye

www.hiqustore.com

ISBN 979-12-80378-23-1

COMPAGNIA NUOVE INDYE®

CNI distribuzione@cniunite.com

Puoi ascoltare la playlist scansionando il QRCode
https://qrco.de/ilprofumodimiopadre

DOMENICO SISTO

Il Profumo di Mio Padre

Breve Storia di Musica e Malavita

COMPAGNIA NUOVE INDYE

...Quando la tempesta sarà finita, probabilmente non saprai neanche tu come hai fatto ad attraversarla e a uscirne vivo. Anzi, non sarai neanche sicuro se sia finita per davvero. Ma su un punto non c'è dubbio. Ed è che tu, uscito da quel vento, non sarai lo stesso che vi è entrato...

Haruki Murakami

PREFAZIONE

Non mi è dato sapere se questa storia sia autobiografica o meno, se sia vera o di fantasia ma visto che ho l'onore e l'onere di essere citato in un episodio che mi riguarda, di tanti anni fa, ricordandolo perfettamente non posso che pensare che ci sia comunque una base di ottima autobiografia. Conosco Domenico, è vero, lo devo confessare, siamo amici, amici di quelli che non si vedono da tanti anni ma che si scrivono, si mandano pensieri, sono diventato dipendente e spesso ho delle crisi di astinenza delle conserve di sua mamma, della sua meravigliosa mamma, che è anche citata in un disco dei Timoria con la frase "Non c'è medico né medicina che renda la vita una Regina" grande saggezza mediterranea. Certo, quando trovo dei piccoli spostamenti di regioni la Calabria diventa Sicilia o il Mojo Pin diventa qualcos'altro capisco che c'è anche un po' di fiction che ha reso più avvincente il romanzo. La cosa che mi colpisce e per la quale consiglio questo libro è che è un libro Rock&Roll però per una volta, è questo mi ha emozionato molto, metà del mio cuore, l'altra metà è stata travolta dalle emozioni di quando si racconta il rapporto padre-figlio, io essendo oltre che figlio anche padre, e i momenti difficili non mi sono mancati, nel lavoro più difficile del mondo, confesso che mi sono trovato più volte con gli occhi lucidi dall'emozione, da una bella emozione e ammiro anche questa autoanalisi che è in grado di fare con grande lucidità ed intelligenza il protagonista del libro. Il Rock&Roll dicevamo, c'è tantissimo Rock&Roll ma la cosa bella è che non si vede il Rock&Roll soltanto fatto di lustrini, paillette, ricchi premi e cotillon, nani e ballerini e riflettori delle televisioni, che so anche Domenico ha calcato e ha assaporato, ma in particolare ce lo racconta lui, il protagonista del libro. Questi retroscena, soprattutto il rapporto con gli altri della band, in tutte le band c'è un leader, ed io ho sempre odiato questa frase, per una mia inclinazione democratica in quello che faccio. Una band per me è sempre stata una famiglia, i proventi, questo lo posso dire ed ho scoperto che non è così per tutte le band, anzi anche italiane, ho scoperto che non tutti come me dividevano per cinque i soldi dei concerti, in cinque parti uguali. Le dinamiche, quello che decide, ecco la figura del leader in una band, è la figura più scomoda e ci vuole tanto coraggio per assumersene la responsabilità. Quindi quando ci sono le incomprensioni della band, quando ci sono le proposte delle vecchie volpi del mondo dello spettacolo, dello sfavillante mondo dello spettacolo, come capita al protagonista che predilige la band, ecco anche io posso dirlo oggi dopo trent'anni di onorata carriera, sono ancora attivo oggi, nonostante un problema cardiovascolare mini continuamente i miei passi nel mondo della musica, riesco a tenere botta e posso dire che col senno di poi spesso quelle decisioni così profonde, così amicali, così democratiche che il protagonista prende, rinunciando ad un successo tutto per sé, fa capire che chi fa musica, spesso, perlomeno chi fa musica Rock, predilige i giochi di squadra ai giochi singolari. Al tennis io ho sempre preferito il rugby, al nuoto ho sempre preferito il calcio, eccezion fatta per la pallanuoto, e a Brescia abbiamo una squadra campionissima di pallanuoto. Ecco, il protagonista del libro predilige il gioco di squadra ma poi forse, chissà, qualche ombra di pentimento c'è, chissà se avessi preso quel treno, quell'occasione, quante volte me le sono fatte queste domande. Il Rock&Roll di cui ci parla l'autore è un Rock&Roll del dietro le quinte è un Rock&Roll che è anche un'analisi quasi psicologica dell'essere artista, del volere essere artista puro, del ciurlare il manico a volte nel torbido, nell'accettare i compromessi perché la band è importante e quindi non rovinare le atmosfere positive che devono circondare una band e un leader con i suoi fidi cavalieri. Quindi un Rock&Roll visto da un punto di vista meno romantico, che riporta con i piedi per terra anche tutti quei facili sognatori o parolai che parlano continuamente di fenomeni, anche sui giornali, di diamanti grezzi, di artisti straordinari, quando chi se ne intende un po' percepisce che magari si parla di meteore e di nulla che resta. Una dote che invidio a all'autore, visto che anche io ho pubblicato qualche libro recentemente e non, gli invidio la spietata lucidità che ha nell'analizzare le cose, gli errori del protagonista con il padre e i limiti del padre, come i limiti di sé stesso, gli errori del protagonista con la band e i limiti dei ragazzi della band, una spietata lucidità che riporta tutti con i piedi per terra ma che non ci impedisce di sognare.

Omar Pedrini

INTRODUZIONE

"Il padre è solo un uomo e gli uomini son tanti scegli il migliore seguilo e impara" questa frase estrapolata dalla canzone "Io sono Francesco" di Francesco Tricarico credo che mi abbia un po' condizionato nel rapporto con mio padre. Ma mio padre non era morto quando io ero piccolo come il padre del bambino nella canzone. Forse non ho mai voluto imparare da mio padre o forse lui non ha mai provato ad insegnarmi la vita. Questa mancanza creata a me stesso forse da me stesso, mi ha sempre portato a vedere in altri uomini una figura che pensavo assente o forse lo era veramente assente. La malattia di un uomo coinvolge inevitabilmente chi gli sta accanto, ma credo che anche la salute lo faccia ed in generale lo fa la stessa vita. Si dice che i figli paghino le colpe dei padri ma si dice anche che siamo quello che i nostri padri volevano che noi fossimo e che non volevamo essere. Oggi vorrei poter fare delle domande a quel padre che vedevo come un uomo assente e lontano, ma la vita bisogna viverla nel momento che c'è perché poi rimangono solo rimpianti se non lo fai. Si dice che il tempo aggiusta tutto, che l'età ti fa vedere le cose dal lato migliore delle cose. Ogni tanto passo ancora le notti a fissare il soffitto cercando di immaginarmi dei dialoghi mancati e cercando di immaginare le vie alternative che poteva prendere la mia vita se avessi fatto delle cose in maniera diversa. Poi capisco e mi rendo conto che la vita non è fatta solo dalle nostre scelte e fatta dalle scelte di miliardi di altri essere viventi ed allora quel peso che sento su di me un po' si alleggerisce e piano chiudo gli occhi e comincio a sognare, sogno me bambino su una spiaggia indaffarato a costruire il mio nuovo castello, sogno di essere un bambino felice a cui non manca niente, sogno mio padre e mia madre insieme e sogno i miei fratelli, nel mio sogno non ho bisogno di niente, ma poi mi sveglio.

Capitolo 1

Il profumo che non hai mai usato

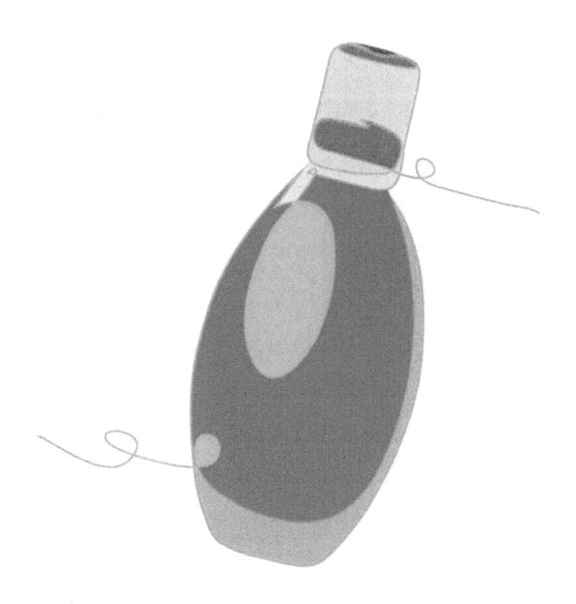

Oggi e il 20 gennaio 2020, ho sentito in radio che è il Blu Monday, il giorno più triste dell'anno, che cade sempre il terzo lunedì di gennaio, questo mese è spesso associato a tristezza e umore nero. E in effetti in questo periodo, con i ricordi del Natale che si spengono, le giornate brevi e grigie e il conto in banca spesso più magro, al contrario del girovita che si allarga

denunciando gli eccessi festivi, non si può non essere trascinati in un "mood" di mestizia e stanchezza. Ma il modo di uscirne ci sarebbe: poiché il 20 gennaio si celebra anche la giornata degli abbracci, non resta che ottimizzare le due ricorrenze per dedicarci a dei lunghi e affettuosi abbracci che avrebbero la salutare funzione di consolarci. È consigliato passare la serata con qualcuno di caro, un caro amico, un amore, un amante. Oppure concedersi un regalo, una cena speciale, in compagnia o anche da soli. Ho provato a seguire questo schema e queste regole ma alla fine sono rimasto a casa da solo, mi sono cucinato una minestra triste o una triste minestra, come la chiama il mio amore, ed ho aperto uno dei tre quaderni blu che ho comprato ieri, in offerta speciale, per scrivere una storia che ho dentro da sempre e che vorrei restasse imprigionata su questa carta così da potermene disfare per un po' di tempo.
Tutti mi conoscono con il mio nome di battesimo Giuliano, in realtà il mio nome di battesimo è Giuliano Sisto Salvatore. È una storia di usanze di paesi del Sud o forse si usava così una volta, il nome del nonno paterno al primo "masculu", al primo figlio maschio. In realtà mio nonno paterno si chiamava solo Giuliano Salvatore Della Rosa. Ho scoperto da poco che Sisto l'ha voluto aggiungere mio padre. Ho sempre pensato che fosse stata mia madre a ficcarcelo in mezzo ai due nomi del nonno, perché vuole la leggenda che il suocero di mia madre, padre di mio padre, il giorno stabilito per l'incontro di usanza per far incontrare le reciproche famiglie, il mio omonimo nonno avesse sminuito mia madre. Il figlio di mio nonno, mio padre aveva avuto

un'educazione scolastica elevata, essendo stato il figlio cresciuto in collegio, mentre mia madre aveva abbandonato per sua volontà la scuola ed era cresciuta facendo caffè nel bar del ristorante della sua famiglia. Mia madre mi chiama da sempre figlio di puttana, e se penso che sia stata solo con mio padre e credo poco più di tre volte, ho un fratello e una sorella, capisco la sua ironica indole e capisco il mio essere ironico. Diciamo che quando vuole sa essere sanamente stronza. Ho 46 anni è lavoro a Roma da più di un anno, da quando mio padre ha cominciato a contare i pochi giorni che gli restavano da vivere. L'ultimo viaggio con lui in macchina l'ho fatto prima di trasferirmi a Roma, direzione Palermo, avessi saputo che era l'ultima volta che l'avevo come passeggero, avrei evitato di sputare il fiele che avevo dentro per le solite, irrisolvibili, questioni famigliari. Avrei parlato con lui di tutte le cose che non abbiamo mai parlato, gli avrei fatto le domande che ancora oggi mi faccio, avrei usato, invece di sprecarlo, quel tempo che ci restava per costruirmi un buon ricordo di noi due. Invece ho perso l'ennesimo momento come quasi tutti quelli che avrei potuto vivermi con lui. Mio padre è morto dopo pochi mesi da quel viaggio, quasi un anno da oggi. Dopo quel viaggio nulla è stato più uguale, tutto si è trasformato velocemente. Arriva la malattia, irrompe nella vita del malato ma anche nelle vite di tutti quelli che gli vogliono bene. Smetti di pensare a tutto quello che pensavi prima, la notte preghi che ci sia il miracolo, non dormi più e quando dormi ti svegli tremando dopo il solito incubo. Ogni volta che squilla il telefono tremi con ancora più paura per quello che ti diranno. Avevo

perso l'ultimo momento utile per fare le mille domande che non gli ho mai fatto.
Anni fa, il giorno della Festa del Papà, avevo regalato a mio padre un quaderno e gli avevo scritto sulla prima pagina una dedica: "Auguri papà, se puoi, riempi queste pagine bianche di verità "Firmato tuo figlio Giuliano, la data era il 19 marzo 2010. Il giorno del funerale di mio padre ero nel suo studio, che era stata la mia cameretta, stavo li immobile sulla porta a cercarlo con gli occhi, lo vedevo seduto sulla sua poltrona dove passava le sue giornate a guardare ogni tipo di sport immaginabile alla televisione. Mi misi a rovistare nei cassetti e trovai il vecchio quaderno. Lo aprì convito di trovare tutta la sua verità invece le pagine erano tutte bianche, tranne la prima con la mia dedica. Per un attimo l'ho odiato di nuovo, non aveva volutamente scritto niente, la sua storia segreta quella che cambiò la mia vita e quella di tutta la mia famiglia in un caldo giorno di dicembre quando tutto si trasformò, la sua storia segreta non me l'ha voluta raccontare. Un giorno il mio capo, come lo chiamo per farlo incazzare, mi ha detto che il suo segreto mi protegge. Oggi credo che sia vero, ma ieri quel segreto mi ha distrutto. Ho odiato mio padre, per quel segreto, oggi vorrei fosse ancora qui per parlare di altro e per aiutarlo a sotterrare più in fondo possibile quel segreto. Di lui ho tenuto solo il quaderno bianco e l'ultimo regalo che ha ricevuto il giorno del suo 81° compleanno, una boccetta di profumo. Oggi uso quel profumo, il profumo di mio padre che non ha mai usato.

Capitolo 2

Il profumo della sigaretta

Io ricordo tanti momenti in cui ho vivido dentro le mie narici ancora quel suo profumo. Il profumo più lontano che mi ricorda mio padre, il profumo delle sue sigarette le Marlboro Rosse, ne fumava due pacchetti al giorno. Ricordo le domeniche quando con mio fratello andavamo nel suo letto ed appena sveglio si accendeva la prima sigaretta e noi stavamo li a guardarlo fumare e con le sigarette spente facevamo finta di fumare anche noi. Il profumo di quelle sigarette arrivava prima di lui, la sera prima ancora che aprisse la porta di casa già lo sentivo fortissimo quell'odore salire dalle scale. Ricordo come fosse ieri il Natale di ogni anno nel bar di mio nonno, non il nonno che aveva il mio nome ma il padre di mia madre. Ogni Natale si riunivano, mio padre, i miei zii, gli amici più intimi tutti per giocare a carte, io stavo lì seduto accanto a lui e lo guardavo come spavaldamente buttava i soldi sul tavolo da gioco mentre non smetteva un solo secondo di fare tiri alla sua cazzo di sigaretta anzi alle sigarette visto che era una ruota continua. Eppure, mio padre, smise di fumare da un giorno all'altro, dopo una visita da un otorinolaringoiatra che gli disse: "Caro Ragioniere, così lo chiamavano tutti per colpa del suo lavoro, ha due possibilità smettere di fumare e continuare a parlare o smettere di parlare e continuare a fumare". Tornato a casa quella sera stessa, non disse niente, ed io non li chiesi niente non vedendolo accendere la sua solita sigaretta dopo cena. Quel profumo di sigaretta che mi era stato tanto familiare per molti anni, negli anni che seguirono non lo sopportavo più, addirittura mi dava fastidio al naso anche quando qualcuno a metri da me ne accendeva una. Molti anni più tardi cominciai io a fumare, per il ricordo di una ragazza che fumava, mio padre non mi disse mai di non fumare e questa cosa mi è sempre sembrata strana o forse era solo uno che rispettava le scelte degli altri molto di più di come gli altri rispettassero le sue scelte. Se c'è una cosa che ricordo di lui e che ogni cosa che ho fatto non mi ha mai detto di non farla ma solo di prendere atto che le conseguenze sia buone che cattive le avrei dovute sopportare da solo. In realtà spesso le mie cazzate le ha sopportato con me senza forse nemmeno lamentarsi con me.

Capitolo 3

Il profumo del suo mondo

Non ricordo il momento preciso ma credo capiti a tutti i figli che un giorno ti svegli e tuo padre da eroe e amico diventa la tua più grande vergogna e il tuo peggior nemico, l'uomo a cui non vorrai mai assomigliare. Fu proprio in quello stesso giorno che ho cominciato a sentire il profumo del suo mondo, quello che frequentava, pieno di amici degli amici. Quel profumo mi dava più fastidio del profumo ormai odiato delle sigarette, più alto era il fastidio che mi provocava quel profumo e più alto era il disprezzo che provavo per i suoi amici e facevo di tutto per farlo notare a lui e ai suoi amici. Mi veniva facilissimo metterlo a

disagio nel suo mondo in molti modi. Non davo mai la mano ai suoi amici e lui mi fulminava con lo sguardo ma non poteva farci niente. Cominciai a fare il cantante, capelli lunghi, orecchino, che ancora porto sul mio lobo destro, che mi costò l'unico schiaffo preso nella mia vita da mio padre.
Cantavo il Rock e avevo un gruppo con un nome che sembrava scelto apposta per metterlo a disagio con i suoi amici, "MAPHIA" era il nome del mio gruppo ed era il nome del disagio dei suoi amici probabilmente. La cosa che presto divenne paradossale che i suoi amici, dopo aver iniziato uno dei nostri concerti con il tema di Nino Rota scritto per il Padrino, da quel giorno ci volevano a suonare nei loro locali, nelle loro feste, nei loro matrimoni. Noi scrivevamo canzoni contro la Mafia, contro la 'Ndrangheta in pratica contro tutte le forme di prepotenza, e i suoi amici ci volevano in tutti i loro incontri pubblici e privati. Forse era per sbeffeggiare mio padre e farlo sentire a disagio. Premetto che mio padre non era affiliato a nessuna mafia era un vicedirettore di Banca e di amici ne aveva tanti, sia buoni amici e sia cattivi amici ma questo lo capii solo molti anni più tardi. Il profumo di quel mondo non l'ho mai sopportato e quel mondo non l'ho mai rispettato e forse questo ha creato dei problemi a mio padre, forse me ne accorgevo ma era più forte di me, non riuscivo a farmi piacere quel mondo e quel profumo, ancora oggi quando lo sento, mi irrigidisco come quando avevo 18 anni e volevo solo cantare la merda di quel mondo che mio padre suo malgrado frequentava forse anche contro la sua volontà. Ho sempre avuto la sensazione che quando dissi a mio padre di

volere lasciare la scuola per andare a studiare la musica a Roma, lui prese la palla al balzo per farmi partire e farmi allontanare dalla Sicilia, tenermi lontano da quel mondo, non penso per timore ma proprio perché era un modo per non farmi stare in mezzo ai suoi amici e fargli fare brutte figure.
Partimmo una mattina come dei ladri con un "Pajero" del suo fraterno amico Gaetano, ricordo che la sera prima smontammo i sedili per caricare la mia roba e il mio pianoforte elettrico, mio padre si stava proprio applicando per farmi trasferire ed io sinceramente non vedevo l'ora di andarmene dal mio paesello e dal suo odore che mi dava fastidio tanto quanto il profumo del suo mondo. Ricordo che per tutto il viaggio non ci siamo detti nemmeno una parola. Nella Jeep c'era un telefono, pensa che livelli, mi ricordo che il telefono squillò, era il suo amico fratello Gaetano, un bel pezzo di merda, era il 1991 i telefoni cellulari non si compravano al supermercato come oggi, erano cose da politici, giornalisti famosi, presidenti di grosse aziende e cose da amici degli amici. Comunque, dopo una strana avventura in un autogrill nel casertano, arriviamo a Roma scarichiamo la macchina e la mattina seguente mi saluta e riparte subito. Mi lasciò la sua carta di credito, la carta di un vicedirettore di Banca è una cosa seria. Quel giorno sparì il profumo del suo mondo, sarebbe ritornato dopo un po' di anni ma non sarebbe stato più un suo profumo.
Se ci penso adesso che stò di nuovo qui a Roma come allora mi sembra di essere scappato di nuovo per non sentire ancora quel profumo. La musica è nonostante tante avventure diverse ancora

la mia vita e questa volta avrei voluto che lui mi vedesse e che sapesse delle cose che faccio, a volte in certi giorni qui da solo guardo il cielo e sussurro il suo nome o meglio il nome con cui ti chiama un figlio e spero che mi senta e che mi guardi. Quest'anno a Roma è stato intenso sin dai primi mesi carichi di ansia sia per il nuovo lavoro ma anche per la sua malattia, fino a dopo la sua morte con la mia fottuta voglia di fare più cose possibili per dare un senso ai mesi che non sono stato accanto a lui durante la sua malattia. Ora sono qui, guardo Roma e mi ricordo di quegli anni, ero giovane, spavaldo, sicuro di me, pieno di me, ero un Rocker inconsapevole che tutto stava per finire in un solo giorno. Studiavo il pianoforte, suonavo con il mio gruppo, scopavo con un mare di donne, una in particolare che mi ha insegnato molto sull'amore ma soprattutto sul sesso. La sua casa era piena di profumi che mi facevano dimenticare il profumo del mondo di mio padre che riaffiorava nell'aria dolce della mia bella vita romana ogni volta che andavo a prelevare con la sua carta di credito prima di andare dalla donna dei profumi, assieme alle banconote sembrava uscisse dal bancomat un acre odore di vergogna nel prender quei soldi che in realtà per quanto ne sapessi erano i soldi del lavoro di mio padre che passava intere giornate in quelle cazzo di banche. Ma c'era sempre una strana sensazione un pensiero che mi assaliva e che non volli mai seguire, fare l'estratto conto, forse mi avrebbe aiutato a capire cosa stesse succedendo, ma non lo feci mai, non potevo sospettare, anche se non era più il mio eroe mio padre era un grande lavoratore modello e quella era la sua carta che motivo avevo di sospettare cose strane di lui, però c'era sempre una vocina che mi sussurrava all'orecchio "fai l'estratto conto, fai l'estratto conto". Ma io non le davo ascolto, prelevavo e andavo da Rosita l'architetto di dieci anni più grande di me che mi scopava tutto il fine settimana all'ombra del suo fidanzato avvocato a Milano, dopo averlo salutato al telefono.

Capitolo 4

Il profumo dei segreti

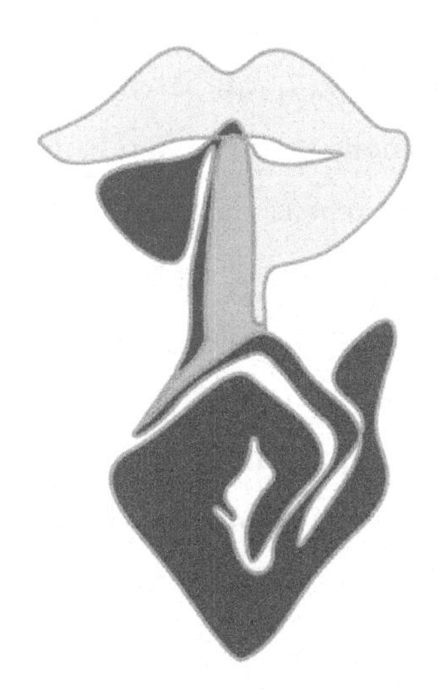

Tornato a casa per il Natale mio padre mi accolse con un simpatico e perentorio "Dammi la Carta" e un sonante "Ma quanto cazzo spendi?" Con il senno di poi so che era solo una scusa per riavere la sua carta forse per paura che io potessi fare l'estratto conto e scoprire cose che nessuno doveva sapere. Il suo profumo era stranamente cambiato, un profumo di segreti, di menzogne, di bugie. Si comportava in modo strano a casa. Una cosa che mi straniva molto fra le tante stranezze che faceva in quel periodo era che passava tutto il suo tempo libero con un Walkman, forse bisogna dire cosa era il Walkman, era come un lettore mp3 ma con le cassette, e in quel Walkman mio padre ci aveva messo la mia prima musicassetta con le mie canzoni e le ascoltava appena ne aveva la possibilità. Questa cosa mi spiazzava, era diventato un mio accanito fan, eppure in quei testi c'erano le denunce più pesanti, il disprezzo più grande per il mondo che lui frequentava quotidianamente. Solo anni più tardi feci il giusto collegamento, stava usando la mia musica, le mie parole di denuncia per trovare la forza di denunciare sé stesso e quel mondo che ormai lo aveva inghiottito. Io con la mia voce, con le mie canzoni lo stavo aiutando a trovare lo slancio per il suo gesto più eroico ma ancora io questo non potevo né saperlo e nemmeno minimamente immaginarlo. Quel suo profumo mi imbarazzava, cominciava a darmi fastidio che gli piacesse la mia musica, mi dava fastidio che mi rispettava e che mi incitava a farla la mia musica, anche perché sempre di più venivamo invitati in eventi in cui non avrebbero dovuto volerci proprio visto i temi che trattavamo nelle nostre canzoni. Invece anche mio padre ci trovava delle serate nei locali dei suoi amici e in ogni serata la richiesta era di suonare il cazzo di tema de Il Padrino di Nino Rota. Mentre cantavo durante queste serate, nelle loro feste io mi facevo sempre la stessa domanda: "Ma questi Mafiosi di merda lo sanno, lo capiscono che sto parlando male di loro e del loro mondo, delle loro regole omertose, no niente non lo capivano o forse non gli interessava, applaudivano e la sera ci pagavano pure. Ma che cosa si era messo in testa mio padre di farci da manager nel Mafia Tour? Ero incazzato e infastidito e alla fine dell'estate dovendo tornare a Roma gli dissi di non proporci più nei locali dei suoi amici, perché volevamo alzare il livello e fare altri posti più grossi e da quel momento avremmo chiuso con i piccoli locali dei suoi amici.

Capitolo 5

Il profumo della paura

Ricominciai a fare la mia vita musicale romana inconsapevole di quante cose stavano succedendo. Non pensavo a niente, a cosa succedesse nel mio paesello, a cosa succedesse a mio padre, la distanza tra l'estate e il Natale questa volta sembrò molto breve. Tornai a casa e subito sentii un nuovo profumo, era strano quello che vedevo, un viavai degli amici di mio padre, riunioni su argomenti ambigui, sentivo addosso a mio padre un nuovo profumo, il profumo della paura. Io avevo l'abitudine di girare con un piccolo registratore in tasca per appuntare le mie idee musicali. Una sera tornato a casa, in cucina c'era una discussione animata con protagonisti, mio padre, mio zio, mia madre e l'amico fraterno Gaetano. Ebbi il naturale istinto, prima di entrare in cucina di accendere il registratore che avevo in tasca e solo dopo entrai in cucina. Mio padre urlava contro l'amico fraterno dicendogli che l'aveva messo in un serio guaio, che lui non poteva più fare quello che gli obbligavano di fare, che lui doveva parlare con gli amici degli amici e fargli capire che il giocattolo si era rotto ed era tutto finito. L'amico Gaetano gli gridava che anche lui era stato costretto a fare cose che non voleva fare e che non si poteva fermare niente perché sarebbe stato un guaio per tutti. L'amico Gaetano urlava contro mio padre: "Ma perché hai scritto quella lettera alla direzione generale della banca, se non fosse per il direttore che mi ha avvisato gli amici saprebbero di quello che hai denunciato e i tuoi figli e tutta la tua famiglia non sarebbero più al sicuro. Io ascoltavo attonito e frastornato la discussione, ero come pietrificato, non riuscivo a capire di cosa stessero parlando. Solo tempo dopo seppi che mio padre stava subendo delle pressioni e delle minacce per obbligarlo a fare delle operazioni illegali in banca. Veniva spesso sequestrato durante le frequenti rapine che la banca subiva in quegli anni. I ladri se lo portavano con loro e stranamente sapevano che lui e non il direttore aveva con sé le chiavi della cassaforte. Lo portavano in un luogo sperduto nelle montagne e prima di liberarlo in qualche strada desolata si levavano il passamontagna e gli mostravano il loro volto. Le forme di pressione erano molteplici. Spesso gli rubavano la macchina e qualche amico gliela faceva ritrovare. Facevano in modo che ci fosse sempre una strana rissa nei posti dove ero io presente, cosa che poteva essere normale se non fosse che quelle risse venivano poi fatte passare agli occhi di mio padre come un pericoloso avvertimento sulla mia incolumità. Spesso la sera quando uscivo al mio paese con gli amici, avevo sempre la sensazione che una macchina ci seguisse. I miei amici mi davano del paranoico ma dopo tanto tempo scoprii che mio padre che temeva per la vita mia e della mia famiglia aveva contattato uno zio Generale dei Carabinieri che ci aveva messo la sorveglianza. Quello che era successo dopo è che mio padre aveva denunciato con una lettera alla direzione Generale della Banca dove lavorava che lo obbligavano a fare delle operazioni illecite sui conti correnti, ma la lettera stranamente era arrivata nelle mani degli amici e lui aveva capito che qualcuno ai piani alti della Banca sapeva e che ormai era vittima di un meccanismo molto più grande di quello che pensava, la connivenza tra la Banca e la Malavita gli apparve subito chiara. Era in trappola il suo profumo carico di paura aveva invaso tutto il mio mondo, si era autodenunciato ed aveva denunciato un sistema corrotto e non aveva più possibilità di uscirne indenne però questo ancora non lo potevamo sapere. In quel periodo la sera tornavo a casa tardi e non facevo caso a mia madre che dormiva sul divano della cucina ero comunque troppo preso dalla mia vita. Stava

succedendo qualcosa di veramente pesante ma io pensavo solo alla mia musica.
Il mio gruppo stava crescendo ma spesso dove suonavamo succedevano cose strane. Una sera su un palco, in una piazza di un paese governato da famiglie di amici molto importanti, mi lanciarono una bottiglietta di acqua ghiacciata da dietro il palco mirando alla mia nuca, per fortuna la bottiglia mi sfiorò l'orecchio perché se avessero avuto buona mira oggi non sarei qui a raccontarla. Un'altra sera dopo un concerto un nostro amico, stranamente mi viene a chiedere il testo di una canzone che parlava di un avvenimento malavitoso che successe proprio ad un nostro concerto. L'atmosfera attorno a me stava diventando strana, ma io pensavo che il motivo di tutte queste stranezze fosse per quello che cantavamo e per il nome MAPHIA che usavamo per il gruppo; invece, erano tutti avvenimenti collegati alla situazione di mio padre e non alle nostre canzoni di denuncia.
Passò comunque un nuovo anno e dopo l'estate tornai a Roma per riprendere gli studi della musica, unico mio obbiettivo. Avevo un po' abbandonato l'idea del gruppo e mi dedicai molto allo studio del pianoforte, volevo solo pensare a me stesso, cercare di staccarmi da quel mondo che non mi apparteneva e da quel paese che non mi apprezzava. Quel mondo che mio padre credeva di poter controllare ma che alla fine gli stava presentando un conto molto salato, molto più salato di quello che poteva prevedere.

Capitolo 6

Il profumo della galera

Stavo così bene nella città eterna a fare quello che mi piaceva che il tempo passava leggero e velocissimo, tra lezioni di pianoforte, concerti, donne, non pensavo a niente e a nessuno, quelle strane situazioni di casa e di mio padre le vivevo con molta distanza e leggerezza, volevo lasciarmi tutto alle spalle, avevo deciso che la mia vita sarebbe stata a Roma e che sarei vissuto diversamente da mio padre, avrei fatto il musicista e non avrei più fatto ritorno al mio paese e non avrei avuto niente a che fare con

quel mondo maledetto che stava inghiottendo mio padre. Mi stavo stranamente illudendo però. La vita quando meno te l'aspetti ti ricorda che non puoi scappare al tuo destino soprattutto se sei legato al destino della tua famiglia. Stava per cadermi il mondo addosso ma io ancora non lo potevo sapere. Sono passati 27 anni ma quel Natale non lo dimenticherò mai e non perché sarebbe stato un Natale di Festa.
Il mio treno arrivò la mattina presto, alla stazione a prendermi c'era mio zio, per me più di un padre, spesso negli anni di scuola lui si sostituiva a mio padre, che era sempre impegnato, negli incontri scuola genitori. Quando facevo qualche stronzata, al contrario di tutti, lui mi parlava e cercava di farmi capire dove avevo sbagliato. Ha sempre avuto un modo tutto suo di parlarmi, un modo che mi lasciava sempre disarmato e che mi faceva riflettere sulle cose. Salgo in macchina, il silenzio di mio zio era più forte di ogni altro rumore. Non sono mai stato loquace con nessuno ma quel silenzio mi turbava molto. Mise in moto la sua Fiat Regata Verde, partì e disse solo poche parole che però mi raggelarono il sangue nelle vene: "Giuliano stai tranquillo che tutto si aggiusta". Io ripetevo forse nella mia mente, non ricordo di aver parlato, "cosa, cosa si aggiusta", "cosa, cosa si aggiusta" sono sicuro di non aver aperto bocca. Lui continuava a parlarmi: "Stanotte sono arrivati e hanno portato via tuo padre". La prima cosa che pensai fu che era stato sequestrato dalle persone che aveva denunciato, invece la verità era molto più aldilà della mia immaginazione. Entrati con la macchina nel viale di casa, subito vidi mia madre sul portone, mentre la macchina si fermava io la

guardavo e lei stava piangendo, ero terrorizzato, nella testa mi si affollavano milioni di pensieri e nessuno era positivo. Scendo come un automa dalla macchina e mi avvicino a mia madre, lei mi stringe a sé e mi dice che avevano arrestato mio padre, in quel momento tirai un respiro di sollievo, quello che mi aspettavo era molto più pesante, qualcosa di tremendo, un rapimento a fini intimidatori, una sorta di lupara bianca. Mio padre aveva denunciato alla sua banca delle operazioni illecite che gli venivano comandate dai suoi amici e loro si erano vendicati. La storia mi appariva ora meno grave ma molto più assurda. Mio padre era stato arrestato e lo sgomento diventò grande quando mi dissero che anche uno dei miei zii era stato arresto assieme a lui. Ma che centrava mio zio con le storie di mio padre? In quel momento nessuno di noi sapeva rispondere a questa domanda, nessuno riusciva a farsene una ragione.
Vivendo a Roma io non sapevo che mio padre era stato convinto dal suo avvocato ad andare spontaneamente da un magistrato a raccontare la sua storia e ad autodenunciarsi. Il magistrato raccolse la deposizione di mio padre ma non gli disse che a sua volta mio padre aveva ricevuto una denuncia nei suoi confronti e che veniva accusato di un reato molto grave, usura. Mentre mio padre raccontava la sua storia il magistrato aveva già deciso di arrestare mio padre, un magistrato alle prime armi che con grandi arresti e altrettanti grandi errori giudiziari, che non pagherà mai sulla sua pelle, è oggi uno dei magistrati più famosi al mondo. La mia famiglia era la famiglia più in vista del mio paese, una famiglia di professionisti ed imprenditori, una famiglia importante e

questo arresto di mio padre e di mio zio avrebbe riempito le pagine dei giornali locali e non solo, con notevole pubblicità per il magistrato e notevole pubblicità negativa per la mia famiglia che dopo si vide pure altri due miei zii portati via ed arrestati, ed il motivo di questa connessione era perché mio padre aveva i libretti di tutti, anche di noi ragazzi, cointestati a lui, perché lavorando in banca aveva dei tassi di interesse agevolati e più alti. Tutto l'accusa era stata costruita, da questo genio di magistrato, sui conti cointestati, una baggianata che però provocò una catastrofe, un terremoto nella mia famiglia e negli affari di ognuno degli arrestati.
La tavolata di Natale con due persone in meno e sapere che erano in carcere non certo emanava profumo di festa. Erano giorni concitati, vai e vieni di avvocati, la mia è una grande famiglia si lavorava tantissimo in quegli anni, Ristorante, Hotel, tutto doveva continuare comunque nonostante gli arresti.
Arrivò il giorno che finalmente ci dissero che l'isolamento di mio padre, a cui avevano contestato il reato del 41 bis del c.p.p., era finito e partimmo con mia madre per andare al carcere a trovare mio padre. Arrivati nella sala dove le famiglie dei carcerati aspettano il loro turno per entrare, una cosa subito mi colpì, nessuno sembrava preoccupato del posto dove era, solo io e mia madre eravamo attoniti. C'erano madri, mogli, figli che ridevano, scherzavano come se quella fosse la sala d'aspetto del parrucchiere, solo io e mia madre avevamo addosso la vergogna della colpa. Arrivò il nostro turno ed entrammo dalla prima porta che si richiuse alle mie spalle. Quel suono di quelle porte che si

chiudevano alle mie spalle, la prima, la seconda, la terza ancora oggi rimbomba nelle mie orecchie. Arrivammo nel parlatorio ci sedemmo davanti ad un vetro e aspettammo un tempo che mi è sembrato lungo tutto la mia vita fino a quel giorno, davanti agli occhi mi passavano tutte le immagini dei momenti passati con mio padre. Di colpo si aprì una porta davanti a noi e dopo molti mesi rivedemmo di nuovo mio padre, aveva le manette ai polsi e si avvicinava con molta vergogna e timidezza verso mia madre, triste, mortificato, felice di vederci ma con un'espressione talmente atroce che mi fece una pena indescrivibile, lui sempre così spavaldo, vivo nel parlare adesso appariva giustamente devastato, mia madre lo baciò, io gli rimasi lontano, ero pietrificato. Lui mi guardò fisso negli occhi e mi disse solo una parola: "Aiutami". Quel giorno "diventai grande in un tempo piccolo", tanto per citare il grande Califfo, smisi di essere il figlio di mio padre, di colpo diventai io il padre di mio padre, ero stato scaraventato nel mondo reale ero diventato un uomo, mi sembrò finire la magia, la poesia, le illusioni, fu come vedere la mia immagine riflessa in un vetro che andava in frantumi al rallentatore fotogramma dopo fotogramma. Di quel giorno non so se riuscirò mai a dimenticare tre cose, il suono pesante di quelle porte di ferro, il suono della voce di mio padre che mi chiedeva aiuto ed il profumo che aveva addosso quel giorno mio padre, il profumo della galera.

Capitolo 7

Il profumo della vergogna

Ero di nuovo a Roma ma ormai niente più era come prima, anche se mi impegnavo molto in tutto la mia testa era sempre con il pensiero a casa. Pensavo a mia madre che si vergognava ad uscire di casa e che aspettava arresa che mio padre venisse rimandato a casa, io avevo abbandonato il gruppo e non mi restava che lo studio del pianoforte. Ma ormai qualcosa si era rotto dentro di me, mi sentivo colpa della colpa di mio padre, nonostante non ero nemmeno sicuro che avesse qualche colpa. Una

sera ricevetti una telefonata dal mio amico chitarrista era con tutti gli altri del gruppo, erano ubriachi e fumati e mi pregavano di tornare da loro, ridemmo tutta la sera al telefono ma quella fu la scintilla che accese in me la disperazione e trovai la scusa dopo poche settimane di raccogliere tutta la mia roba e di tornare a casa in Sicilia. Tornai per riprendere a suonare con il gruppo o forse perché non me la sentivo più di fare la bella vita da musicista a Roma mentre a casa c'era una situazione assurda. Fatto sta che tornai in quel posto che non sopportavo, ero arrabbiato con tutto e con tutti e questo mi dette lo stimolo per calarmi totalmente nella musica del gruppo, quel gruppo che aveva quel nome che dava fastidio agli amici di mio padre.
Passavo le mie intere giornate nella cantina adibita a sala prove con i miei amici a suonare, a provare, a scrivere canzoni, la musica era diventato il mio unico motivo di vita e l'unica possibilità di rivalsa contro tutti e contro tutto quello che mi era successo. Il giorno che mio padre venne rimandato a casa non lo ricordo, ricordo solo che salito a casa dalla cantina trasformata nella nostra sala prove, lui stava seduto al tavolo, fece per salutarmi ma io mi scansai, non lo salutai, non dissi una parola, mi sedetti al tavolo e lui mi chiese perché avessi lasciato la scuola di musica a Roma, io lo guardai con un odio immenso e buttando il piatto in aria gli urlai contro: "Perché? Perché? Fai finta di non capire o di non sapere il Perché? Perché hai distrutto tutti i miei sogni." Uscii di casa e me ne tornai nella sala prove.
Per me in quel momento mio padre era colpevole, anche se non era così, non riuscivo a giustificare niente, i giorni passavano con

me che non gli parlavo e lui che timidamente cercava un contatto con me, con i carabinieri che venivano a casa a prendergli la firma, era agli arresti domiciliari, e con me che lo odiavo. Stargli vicino mi dava fastidio, vederlo sempre in casa, dopo che non c'era mai stato prima, era sempre al lavoro o con i suoi amici e con i suoi fratelli, perché era anche membro di una loggia massonica. Odiavo tutto di lui, a volte si innervosiva con mia madre ed io lo aggredivo, gli sputavo addosso la mia rabbia, lo minacciavo di colpirlo e che non doveva rivolgersi male con mia madre, e che non meritava nemmeno che mia madre gli facesse da mangiare, cominciai a sentire forte il suo nuovo profumo e forse volevo che avesse addosso quel profumo, il profumo della vergogna. La stessa vergogna che aveva fatto passare a tutti noi, ora quel profumo lo aveva addosso lui, sono stato violento con lui, spesso volevo ferirlo, umiliarlo e ci sono riuscito, non era più il ragioniere spavaldo che camminava a due metri sopra la terra, credo di averlo mortificato più io che la galera.

Oggi mi rendo conto che sbagliavo ma in quel momento la mia rabbia era immensa, ed era tutta verso di lui, verso quello che lui significava, verso tutto quello che lo riguardava. Mi ricordo che il Natale che lo arrestarono un mio cugino più grande di me mi prese e mi portò nella piazza del paese dove c'era un portico pieno di gente e mi disse: "Non devi vergognarti di nessuno, alza gli occhi, alza la testa e cammina in mezzo a tutti questi piccoli uomini che adesso ti guardano con disprezzo ma ricordati che fino a ieri ti guardavano con invidia. Credo che grazie a lui e a quella strana passeggiata io nel mio paese ho sempre poi tenuto la testa alta, senza mai nessun tipo di timore o vergogna, e non ho mai avuto il profumo della vergogna che aveva adesso addosso mio padre. Io ormai avevo in testa solo una cosa dovevo arrivare in alto con la musica, quello che mi era successo mi aveva tolto tante cose, ma mi aveva dato quella forza che mi serviva per raggiungere il mio obbiettivo, diventare un cantante famoso. Devo dire che ci stavo riuscendo, il mio gruppo stava andando forte, Sanremo Rock, un disco con la RTI di Mediaset di un certo Berlusconi, concerti in tutta Italia, il disco distribuito in tutti i negozi di dischi quando ancora si vendeva i dischi, il tempo passava ed io ero tornato di nuovo a Roma con tutti i miei compagni di musica, le storie brutte di casa si stavano piano piano aggiustando, la mia rabbia verso mio padre si stava placando forse perché io stavo sui giornali, nelle TV nazionali e quindi ero appagato o forse perché adesso ero io più di lui, ero io quello rispettato, quello odiato, quello amato, mi stavo prendendo la rivincita su tutti, su di lui, sui compaesani, che ora seguivano la mia musica, sugli amici di mio padre che dovevano stare sotto ai palchi a guardare zitti anche mentre da sopra il palco li deridevo, perché ero troppo in vista in quel periodo e toccarmi non era conveniente per loro anzi gli faceva comodo farsi vedere amici con me adesso, sponsorizzarci, facevano finta che il mio gruppo la mia musica, che prendeva per il culo i mafiosi e il loro mondo, era una cosa da loro approvata. Mi ricordo una sera, in un locale dopo un concerto mi si avvicina un tipo, che si diceva che avesse ammazzato la moglie e l'amante della moglie, il tipo mi guarda fisso negli occhi credendo che io avessi timore di lui, ma ormai non avevo più paura di nessuno, e si rivolge a me commentando e disprezzando i testi delle nostre canzoni: "Ma che cosa cantate? Cantate di Mafia? Cantate di droga? Di sbirri? Ora ero io che lo guardavo fisso negli occhi senza nessuna paura e un po' quasi infastidito ero quasi pronto a colpirlo con una testata sul naso, ma alla fine mi fece ridere una sua frase che è diventata una frase che ripeto spesso nella mia vita per divertirmi con gli amici: "Le parole dette escono dalla bocca e le supposte entrano nel culo" io l'ho battezzato "Il Saggio del Miramare" incontrato in un locale dove eravamo stati a bere ed un gruppo ci aveva invitato a fare una nostra canzone. Per me quella fu solo l'ulteriore conferma che avevo vinto, sentivo il mio obbiettivo vicinissimo, il profumo della vergogna si era dissolto, anche mio padre grazie a me poteva essere fiero di qualcosa, essere fiero di suo figlio e lo faceva pure spudoratamente, ritagliava i giornali che parlavano di me e ne faceva copie per tutti. Da un lato non lo odiavo più però non riuscivo ancora ad avere nessuno tipo di dialogo con lui e non ci sono riuscito per molti anni. Ormai era quasi sicuro che non sarei più tornato al mio paese, la mia musica andava a gonfie vele, stavamo di base a Roma ma giravamo l'Italia in lungo e in largo.

Però la vita è strana ti mette sempre davanti ad una scelta che può cambiarti la vita nel bene e nel male. Il 9 maggio 1998 mi sembrava di aver raggiunto finalmente quella cima tanto agognata, eravamo stati inviatati come ospiti al Sanremo Rock, quando mi chiamarono al telefono li stavo per mandare a fanculo, perché pensavo fosse uno scherzo, ma era tutto vero.

Arrivammo all'Ariston dopo una notte di viaggio nel nostro furgoncino dopo un concerto fatto a Firenze, eravamo nella mitica città dei fiori, quella sera dividevamo il palco con Gianluca Grignani, Irene Grandi, Tony Hadley il mitico cantante degli Spandau Ballet e molti altri artisti famosi, si suonava dal vivo e saremmo stati ripresi per la differita che sarebbe andata in onda su Rai 1. Ce l'avevamo fatta, io avevo realizzato quello che anni prima, dopo quel terremoto familiare, mi ero messo in testa di realizzare, ero riuscito a raggiungere la vetta, non avevo sbagliato niente fino a quel momento, avevo sempre calcolato tutto, ero stato impeccabile, forse mi rilassai, forse mi ero preso di bontà e avevo dato fiducia agli altri del gruppo, ma quella sera che dovevo non sbagliare niente commisi l'errore più grande. Feci scegliere gli altri per me. Dovevamo fare due canzoni, arriva il nostro produttore Caterina, era come una mamma per noi purtroppo, e mi dice che dovevamo suonare per secondo il pezzo che la Rai avrebbe registrato per essere mandato su Rai 1, il regolamento prevedeva che la seconda canzone non doveva durare più di 4 minuti, regole di emissione televisiva, noi avevamo due canzoni ed avevamo pensato di chiudere con quella più lunga, ma ora bisognava invertire la sequenza io dico ad Caterina ok ma i miei compagni cominciarono a dire di no, che volevano chiudere con quella più lunga, io cerco di fargli capire che non saremmo andati su Rai 1, fino al giorno prima non avrei nemmeno chiesto il loro parere ma quella sera non me ne fregava più un cazzo di niente, in modo presuntuoso e sulla mia pelle, sputtanando tutto il lavoro ed il sacrifico di anni, ho lasciato

decidere a loro, che erano convinti che la Rai ci avrebbe fatto il piacere di registrare due canzoni, sapevo benissimo che stavo sbagliando ma non mi fregava più un cazzo di niente e di nessuno, volevo che avessero una batosta ma la stavo dando pure a me la batosta, anche se del successo non mi fregava più niente quella sera ero un artista che non aveva usato la parte cinica che mi aveva portato fino a quel punto senza farmi sbagliare niente. Lasciando la scelta agli altri sapevo di star sbagliando tutto ma lo feci lo stesso. Ho sempre avuto di me stesso la stessa immagine, mi vedo come un bambino sulla spiaggia che passa una giornata intera a costruire il suo bel castello di sabbia, rinunciando a giocare con gli altri bambini, e appena finito lo fissa per un paio di secondi, se ne compiace e poi lo distrugge. Mai nessuna immagine sarebbe stata meglio di questa per la serata all'Ariston, avevo fatto il mio capolavoro ed ora potevo felicemente senza rimorso e senza rimpianto distruggerlo.
Forse un po' mi sono pentito. Facemmo un'esibizione spettacolare, a fine esibizione Grignani che si era esibito prima di noi, venne nel nostro camerino a farmi i complimenti, Tony Hadley mi offrì una Ceres nel Backstage, la mia serata finì in un bar assieme a Grignani, scappammo entrambi dall'Ariston, lui perché era all'apice della carriera e tutti gli rompevano le palle io perché quel posto che tanto volevo raggiungere mi aveva già rotto le palle e forse lui guardandomi l'aveva capito che avevamo la stessa sofferenza e mi invitò ad andare al bar a bere con lui. Il giorno che Rai 1 dava Sanremo Rock al mio paese misero il Maxi Schermo in piazza, io dicevo durante il programma al mio

chitarrista di prepararsi che noi non saremmo stati passati, lui si incazzava perché lo sfottevo, mai io ero sicuro al cento per cento di quello che sarebbe successo e me la ridevo come uno stronzo. Ero talmente convinto di me stesso e di cosa ero diventato che a me non faceva nessuna differenza andare o meo in TV. Ero stupido e presuntuoso, avrebbe fatto si la differenza, ma avevo fatto scegliere a loro perché godevo nel vederli sbagliare. Infatti, alla fine della trasmissione calò il gelo nella sala dove ci eravamo riuniti con parenti ed amici per vedere la TV io ridevo come uno stronzo e gli altri muti, poi sdrammatizzavo dicendo tranquilli vi porterò ancora in TV ed infatti andammo a Tele+ quella che oggi si chiama Sky nel programma Com'è, che era in diretta, anche li fui dissacrante ma fui perfetto ormai ero un grande performer la delusione per Sanremo Rock sembrava ormai uno sfuocato ricordo.
I giornali parlavano spesso di noi ed al paese eravamo delle vere Rock Star ormai, ma nonostante tutto qualcosa si stava rompendo nel gruppo, loro volevano a tutti costi tornare all'Ariston e anche se a me non interessava niente mi feci convincere dagli altri a proporre delle canzoni per Sanremo Giovani. Prepariamo tutto il materiale richiesto, canzoni, questa volta in italiano, video, ecc. ecc. Il nostro produttore vola a Milano alla RTI per mostrare il video e far sentire il pezzo a due produttori dell'epoca che avevano il potere di farci fare il Sanremo quell'anno. Tornata a Roma, Caterina mi telefona e mi dice di andare in ufficio da solo, io porto tutto il gruppo. Entro e gli dico cara Caterina noi siamo un Gruppo dove vado io vanno loro. Caterina mi risponde

va bene che sei venuto e che siete venuti. Quel giorno doveva veramente cambiare la mia vita ma io di nuovo feci un grosso errore sempre per gli amici. Entrati in ufficio già l'aria era abbastanza pesante per tutti ma io come al solito cazzeggiavo e prendevo tutti per il culo. Sapevamo che era tornata da Milano con la risposta della RTI, Caterina cominciò la riunione: "Allora i produttori di Milano hanno detto che per loro non siete pronti per fare Sanremo" io sorrido e gli rispondo: "E ci hai fatto venire qui per dirci una cosa che potevi dirci per telefono? Per me il problema non si pone" lei continua: "Ti avevo detto di venire da solo perché c'è una cosa che devo dirti, anche se pensò già di conoscere la risposta" ed io sempre sfottente rispondo: "Se conosci la mia risposta non c'è bisogno che fai la domanda". E lei: "Non posso non fare questa domanda la decisione spetta a te non a me". Io gli dico di farmi la domanda, Caterina comincia a dirmi che per i produttori di Milano il gruppo non era pronto ma che se io volevo, come solista mi avrebbero fatto fare Sanremo. La scena dopo queste parole nell'ufficio era da funerale, il mio chitarrista scivolò sedendosi per terra, gli altri si passavano nervosamente le mani nei lunghi capelli tipici di una rock band, erano tutti in apnea ad aspettare la mia risposta, non risposi subito non perché avessi dubbi, ma perché godevo a vederli tutti dipendere dalla mia risposta.

Oggi so che Caterina da produttore aveva il potere di obbligarmi anche a farlo quel Sanremo e credo che sarebbe stato un bene per tutti, per me soprattutto, magari poi non sarebbe successo niente di più, ma oggi un po' mi pento della risposta che diedi solo perché ancora non potevo vedere quello che avevano visto i due produttori con più esperienza di me, che io non avevo bisogno di nessuno per realizzare i miei sogni e che io in realtà ero un solista cosa che sono. Dopo il mio lungo silenzio risposi: "Brava Caterina conosci la mia risposta o ci vado con il mio gruppo o non mi interessa andarci". Come per mio padre anche per me i miei amici furono determinati per la mia vita e per il mio destino. Più cercavo di non assomigliare a lui e più facevo i suoi stessi errori.

Da quel giorno la vita del gruppo non fu più la stessa, anche se io ero sempre sicuro che saremmo arrivati e non mi demoralizzava nessuna sconfitta, per gli altri la storia che la RTI voleva portare solo me a Sanremo aveva innescato il timer in una bomba ad orologeria che sarebbe scoppiata molto presto. Quando il successo stenta ad arrivare e le economie di conseguenza scarseggiano, vivere in una città come Roma se vuoi fare l'artista non è facile, o sei ricco o devi andare a fare altri lavori, cosa che io in realtà facevo, non mi dispiaceva fare quello che sapevo fare, quello che la mia famiglia mi aveva insegnato da piccolo, fare il cameriere, lo facevo in dei locali di amici, e spesso la gente mi riconosceva perché c'erano dei videoclip che andavano su una Tv Musicale dell'epoca che si chiamava Magic TV, ma nonostante ciò vivere in una città cominciava a diventare frustante, anche fare delle semplici prove diventava uno spreco di tempo per gli spostamenti e di denaro per pagarla, e se dovevamo registrare anche solo dei provini negli anni '90 affittare uno studio costava parecchio. In Sicilia, invece, proprio sotto casa

mia avevamo la nostra sala prove ed io avevo pensato che poteva essere creativo chiuderci nel nostro mondo per fare nuova musica che era quella che ci voleva per continuare, avevo bisogno di staccare e proposi al gruppo di prenderci una pausa dai live e di tornare a casa per cominciare a lavorare al nuovo disco, ero sicuro che era la cosa migliore da fare pure perché per me la vita Live era diventata pesante, non perché mi stancava, anzi, ma perché dopo la storia di Sanremo gli altri erano diventati paranoici, mi controllavano. Alla fine di ogni concerto con chiunque mi fermassi a parlare, dopo mi venivano a chiedere il resoconto di quegli scambi di parole, credo che temessero ed avessero paura che io ricevessi qualche proposta a cui questa volta avrei detto si, ero stanco, volevo tornare in sala e far capire a quelle teste di cazzo dei miei amici che insieme se avessero avuto le palle di seguirmi ci saremmo riusciti.
Riuscii a convincerli a lasciare Roma e a tornare a casa nella nostra sala prove. Non ci mettemmo nemmeno una settimana ma ricominciammo ad essere creativi, nuove canzoni, abbandonammo i temi politici, contro le mafie, stavamo crescendo artisticamente, era quello che volevo, volevo solo cantare, stava tutto funzionando di nuovo. Forse preso dalla ritrovata tranquillità, feci un altro errore, ma io avevo sempre bisogno di nuovi stimoli. Dopo il terremoto famigliare, anche l'azienda di famiglia aveva subito un calo nel lavoro della ristorazione, 4 arrestati, nonostante tutti prosciolti per non aver commesso il fatto, lasciano comunque un segno. Però la mia famiglia era unita e forte e si era rialzata a testa alta. I tempi però stavano cambiando e mio

zio mi propose di unire la mia passione all'attività di famiglia e di aprire un locale dove bere, mangiare e dove si potesse sentire la musica suonata dal vivo. Io mi entusiasmai subito, la vedevo come un'occasione per portare gruppi e allargare i nostri orizzonti musicali, potevamo lavorare tutti assieme nel locale e continuare a suonare, come era mio solito coinvolsi tutta la band ed all'inizio erano tutti d'accordo e sembrava filare tutto molto liscio. Di giorno suonavamo le nuove canzoni per preparare il nuovo disco, avevamo ancora un contratto discografico con Caterina ed in contemporanea costruivamo il KALIFORNIA Rock Cafè un locale che mi avrebbe dato molte soddisfazioni, molte gioie ma anche moltissimi pensieri e dolori profondi

Capitolo 8

Il profumo della debolezza

Avere accettato la proposta di mio zio forse fu un errore ma lo feci pure perché c'era la voglia di tutta la famiglia di risollevarsi da tutto quello che ci era successo. In quel momento non fui egoista come lo ero sempre stato di solito. Mettere in piedi il locale mi rimise inevitabilmente di nuovo a dover avere rapporti con mio padre, che aveva perso il lavoro in banca, era stato licenziato dopo l'arresto e adesso amministrava l'azienda di famiglia. Tutti gli avevano di nuovo dato fiducia, la verità è che lo stronzo di mio padre con i numeri e con la contabilità era un mostro, sapeva farlo molto bene quel lavoro era per questo motivo che gli amici lo avevano usato per i loro traffici, e lui era un mago a spostare i soldi da un conto all'altro, e a quei tempi non c'erano ancora i computer. Io stavo costruendo il locale proprio come lo volevo, avevo tutto nella mia testa e spesso litigavano con mio zio e di contro avevo sempre la totale approvazione di mio padre, il motivo dei suoi consensi era abbastanza ovvio. Per motivi di gestione e organizzativi dovevo per forza rivolgergli la parola e lui pendeva dalle mie labbra perché questo gli dava di nuovo la possibilità di avere rapporti con me. Gli facevo fare tutto quello che volevo, anche le capriole, lui sfruttava questa cosa per poter di nuovo avere un rapporto con me, io lo avevo schiavizzato, era la mia subdola vendetta, oggi capisco che sono stato stronzo e malefico nei suoi confronti. Godevo a sentire il suo nuovo profumo, il profumo della debolezza, che aveva nei miei confronti, più lo vedevo ubbidire alle mie richieste e più affondavo i miei comandi, avevo solo 25 anni ed ero il leader di un gruppo conosciuto, il proprietario di un locale da mille persone a sera ed ero il capo di mio padre, stavo proprio esasperando il mio ego. Avevo tutti ai miei piedi, anche tutta la mia famiglia doveva arrendersi all'evidenza, avevo risollevato l'azienda di famiglia, ma quel successo avrebbe fatto subito una vittima.

Nel Luglio del 1999 anche se fermi a lavorare al disco, l'assessore alla cultura del mio comune mi chiese di fare un concerto e di invitare un gruppo importante a suonare nella nostra stessa serata, concerto che l'amministrazione comunale avrebbe interamente pagato, avrebbero pagato tutto quello che chiedevo ed io invitai i TIMORIA che stavano facendo un bel tour e sarebbero andati in Calabria e scendere in Sicilia avrebbe diminuito il prezzo ed io li presi ad un prezzo ottimo perché erano di passaggio. Il concerto si fece, e noi suoniamo prima dei TIMORIA, comunque loro erano gli Headliner, il lungomare del mio paese era strapieno ma non solo per loro ma anche per vedere noi, la gente cantava tutte le nostre canzoni ed io ho sempre più la convinzione che avevamo fatto bene a tornare, adesso avevamo i fans, ci serviva solo un nuovo disco. Mi ricordo ancora Omar, di cui sono ancora oggi suo fratello come dice lui, che mentre scendo dal palco ed entro nel backstage mi guarda e mi dice: "Ma voi chi cazzo siete? Avete fatto un concerto della madonna, adesso cosa cazzo saliamo a fare su quel palco"? i TIMORIA uno dei gruppi storici del Rock Italiano si erano intimoriti della nostra esibizione, in realtà succedeva sempre, ad ogni concerto succedeva una magia, eravamo un grande gruppo, peccato che il giocattolo stava per rompersi per sempre. E si sarebbe rotto per lo stesso motivo per cui si rompono tutti i gruppi, le donne, le mogli, le fidanzate. Io nonostante il locale continuavo a potermi dedicare totalmente alla musica, pure perché di tutte le faccende del locale se ne occupava il mio schiavo, avevo mio padre che ormai lavorava per me, lui era felice, ed io, anche se con del cinismo che ancora avevo nei suoi confronti, per proteggermi, un po' ricominciavo a stimarlo ma per ora l'unico contatto con lui era dovuto al rapporto di lavoro per il locale. Dicevo che continuavo ad occuparmi della mia musica come prima e forse anche più di prima, il gruppo si era rafforzato, solo che l'estate portava con sé il ritorno dalla città delle fidanzate che avevamo abbandonato nella capitale. Una di queste fidanzate una sera d'estate comincia ad inveire contro di me mentre eravamo tutti nel locale, mi accusava che il suo fidanzato il mio bassista l'aveva lasciata per colpa mia, per tornare con noi in Sicilia, io come era mio solito sorridevo sarcastico mentre la prendevo per il culo, ma non avevo calcolato quale convincimento può avere una donna su un uomo quando vuole. Un giorno il bassista arriva alle prove in ritardo e noi stavamo già suonando, nemmeno prende il basso, stava nella sala immobile in silenzio senza prendere lo strumento in mano per partecipare alle consuete prove, noi non ci facemmo tanto caso, conoscevamo la sua follia quindi non ci preoccupammo più di tanto, rimase in sala fino alla fine delle prove senza però toccare lo strumento. Il giorno dopo stessa scena, al che io ad un certo punto fermo tutti e gli chiedo che cazzo avesse. La sua risposta l'ho stampata nella mia testa ancora oggi la posso ripetere sillaba per sillaba, forse gli altri l'hanno rimossa, ma io sono come gli elefanti, come le orche assassine io non dimentico chi mi ferisce. disse poche parole e mi bastarono per sempre: "Ho deciso di dare un senso alla mia vita, lascio il gruppo e torno a Roma per studiare". Lo fissai senza parlare, nella mia testa passarono le parole che avrei dovuto dirgli: "Ti ho dato dieci anni

della mia vita dando senso alla tua e a quella di tutti in questa sala ed ora tu vuoi dare un senso alla tua vita" per un secondo ripensai alla proposta che avevo rifiutato a Caterina, ai produttori di Milano che mi volevano portare a Sanremo, solo per un secondo, non dissi tante parole in risposta alla sua frase sono una piccolissima frase: "Ok Buon Viaggio". Forse si aspettava un animata discussione, forse che lo convincessi a restare, ma sinceramente mi ero proprio rotto il cazzo di tutto e di tutti. Lui uscì dalla porta della sala ed io mi rivolsi agli altri: "Per quanto mi riguarda potete andare anche voi, se volete dare un senso alla vostra vita, per me il gruppo finisce oggi, se volete possiamo andare avanti ma non mi parlate più di gruppo", il chitarrista insisteva che senza di lui il gruppo non poteva esserci io mi proposi addirittura di suonare il basso e cantare.
Tirammo avanti qualche mese, poi mi stancai dell'atmosfera che regnava nella sala e dissi a tutti che il gruppo si scioglieva. Fu comodo a tutti darmi la colpa, i fans e gli amici mi aggredivano, dicevano che sciolsi il gruppo perché volevo gestire solo il mio locale, che ora stava andando molto bene, dicevano un mare di cazzate, per come ero di carattere nemmeno mi difendevo anzi facevo di tutto per alimentare l'odio nei miei confronti, di fans, di amici e di ex musicisti ero il ragazzo più invidiato e più odiato del mio paese, ero il cantante che aveva distrutto un gruppo promettente solo perché la mia famiglia mi aveva aperto un locale. La sera la gente veniva nel locale per parlarmi del gruppo ed io alimentavo le credenze e le loro accuse. Non me ne fotteva proprio un cazzo. La verità è che se in quel momento avessi preso il

telefono per chiamare Caterina e i produttori di Milano avrebbe risposto di si, in fondo non era passato nemmeno un anno da quella proposta e i tempi per Sanremo c'erano ancora. Forse feci di nuovo uno sbaglio a non pensare a me stesso, ma ero talmente deluso da quel gruppo, che avevo difeso anche da proposte indecenti, ero talmente deluso dagli amici, a cui avevo dedicato il mio tempo e la mia lealtà, ricambiatami con invidia solo perché ero un leader ed attiravo il pubblico tutto su di me, ero deluso da quel piccolo mio mondo della musica tanto che, invece di chiamare i produttori di Milano, vendetti tutti i miei strumenti e mi buttai a capofitto nel mio locale. L'immagine del bambino sulla spiaggia che distrugge il suo castello di sabbia tornava lucida davanti ai miei occhi.

Capitolo 9

Il profumo della disperazione

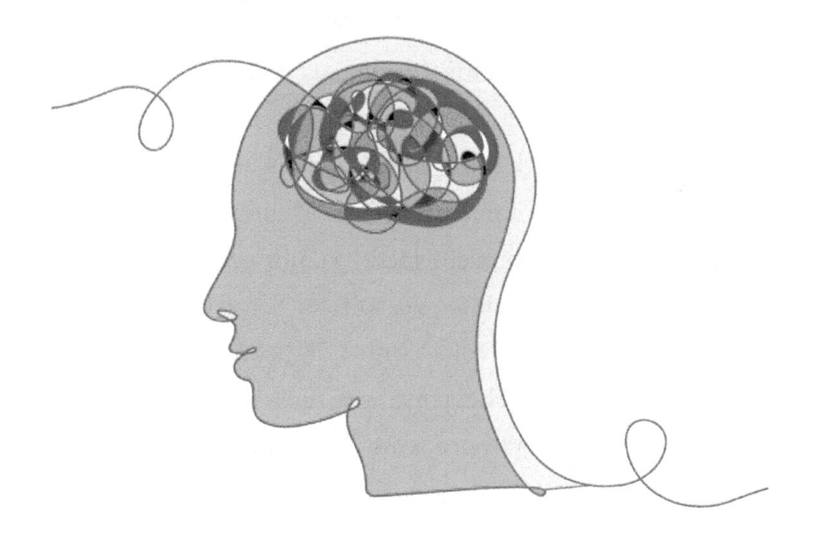

Sostituivo l'amarezza dello scioglimento del mio gruppo con la gioia di vedere sempre il mio locale pieno. Pieno di uomini che mi invidiavano e pieno di donne che mi avrebbero amato ad un solo mio cenno. Era cambiato il palco, era cambiato lo spettacolo ma il front man, il protagonista ero sempre io, la sera per me era come entrare in scena e recitare. Concerti, gruppi famosi che mi chiamavano perché in Italia si sentiva parlare di questo nuovo locale e mi chiedevano una serata, in meno di un anno il

KALIFORNIA Rock Cafè era diventato, in giro per l'Italia, il locale più famoso della Sicilia. Lavoravo come uno schiavo, il mio unico obbiettivo era quello di essere il numero uno e ci ero riuscito, la sera era un viavai di persone, migliaia da tutte le parti. feci esibire svariati gruppi i Timoria, che l'avevano promesso quando suonammo insieme, tornarono, poi dopo di loro Cristina Donà, Bisca, Bandabardò e molti altri che nemmeno ricordo. Più cresceva la notorietà del mio locale più cresceva l'invidia nei miei confronti, l'invidia per il mio locale e di nuovo la mia famiglia era la più invidiata del paese, ma non fu questo il motivo che dopo nemmeno un anno mi spinse ad andarmene di nuovo a Roma, fu per una donna che incontrai una sera e che fece si che la mia famiglia, nonostante adesso fossi l'eroe che aveva salvato l'immagine di tutto si rivoltò contro di me, tutti stavano li a giudicarmi male solo perché aveva una figlia e perché io avevo lasciato la mia fidanzata per lei. Ma la verità è che io ero stanco, nessuno mi chiedeva mai, nonostante il lavoro che andava bene, se io ero realmente felice, per la mia famiglia il mio futuro era già segnato, già deciso a 26 anni. Io che da quando avevo 13 anni non stavo mai a casa, che giravo l'Italia per suonare, ora per la mia famiglia sarei stato l'imprenditore che si sposa, fa figli e che eredita tutto. Ma il bambino sulla spiaggia era sempre davanti ai miei occhi e all'apice del successo del locale decido di andarmene. Devo ammettere che l'unico che non mi criticò e non mi andò contro per la mia relazione fu mio padre, anzi mi disse che se mi rendeva felice di seguire il mio desiderio. Cazzo era riuscito a stare dalla mia parte e a farmi placare la mia ira nei suoi confronti, in realtà credo che lui fosse stato sempre dalla mia parte anche quando era distratto dalle sue cose e dai suoi amici, dal suo lavoro e dalla sua vita. Quando ero ragazzo non ci incontravamo mai per giorni, quando ero piccolo lui arrivava a casa che noi già dormivamo, quando ero adolescente io tornavo tardi che lui dormiva e non si alzava nemmeno a rimproverami, per quello c'era mia madre che aspettava il mio rientro per rimproverami. Alla fine, avevo sempre sentito la sua assenza e mi ci ero abituato e quando alla fine per forza maggiore fu sempre presente a casa io non sopportavo più la sua vicinanza. Il giorno che decisi di partire lui non era contento, solo perché non voleva che io abbandonassi il locale, credo che lui sapesse che senza di me, senza la mia energia, senza il mio lavoro e il mio carisma le cose sarebbero cambiate nel locale. Ero io il locale, la sua anima. Ma ormai avevo deciso e andai di nuovo via. Non fu per niente facile la mia nuova vita a Roma ma mio padre era sempre pronto ad aiutarmi economicamente in quegli anni. Eravamo più vicini adesso da lontano che prima da vicino. Mi misi a fare un sacco di cose, anche il cameriere per altri locali, ma alla fine tornai a fare il cantante e con una mia canzoni fui inviato da Red Ronnie all'ITim Tour a Napoli in Piazza del Plebiscito davanti a ventimila persone a cui feci cantare al primo ascolto la mia canzone eseguita proprio lì per la prima volta, tutta la piazza cantava con me il ritornello ed io non volevo più scendere dal palco, alla fine Red Ronnie si incazzò perché ero rimasto sul palco più del tempo concessomi, è tutto su YouTube. Rifeci un disco da solista e devo dire che non avevo dimenticato chi fossi. Non puoi

sfuggire al tuo destino. Avevo venduto tutti gli strumenti ma la musica ribussò alla mia porta con più forza di prima. Mi diplomai in chitarra, tutto sembrava andare di nuovo nel verso che io volevo, ma a casa giù stava succedendo qualcosa che non sapevo e che non sospettavo.
Una sera mia arriva una chiamata era mio padre mi disse una sola parola: "Aiutami" era la stessa parola detta con la stessa voce, quella parola che distrusse il mio mondo quel giorno in quel parlatorio nel carcere. Non ero più un ragazzino di 19 anni, ne avevo 30 adesso, non ricordo nemmeno se ci pensai o se lo feci d'istinto. Presi tutta la mia roba, la misi in un trolley, presi la chitarra e dissi a quella donna con cui vivevo ormai da anni, "Io torno a casa, devo andare da mio padre a bisogno di me". L'avevo idolatrato da bambino, l'avevo cancellato da adolescente, lo avevo odiato con tutto me stesso da giovane uomo, l'avevo sfruttato, maltrattato e adesso una sola sua parola mi aveva fatto lasciare la vita che mi ero costruito e mi aveva fatto tornare da lui. Quando arrivai a casa entrai nel locale e non lo riconobbi, gli chiesi spiegazioni su cosa fosse successo in mia assenza, l'avevano dato in gestione poi ripreso perché non pagavano l'affitto. Sentii un nuovo profumo nell'aria, vicino a lui, nell'aria, addosso a lui, il profumo della disperazione, era insopportabile, non riuscivo a capacitarmi su come avessi lasciato un locale da mille persone a sera e lo ritrovavo vuoto, però c'era qualcosa di più, qualcosa che non mi stava dicendo. Lo tenevo d'occhio per cercare di capire i suoi movimenti, vedevo gente strana che passava a trovarlo era sempre nervoso come se ci

fosse qualcosa che nascondeva a tutti. Un giorno entrai nel suo computer e trovo delle mail di gente che gli prometteva soldi, erano delle truffe troppo evidenti, possibile che non se ne rendeva conto. Decisi di interrogarlo, mi rispondeva cose assurde, capivo che mi stava mentendo e anche lui sapeva di star mentendo a me e a sé stesso. Comincia ad aggredirlo verbalmente doveva dirmi la verità, forse era meglio non saperla. Di nuovo il mondo mi cadde addosso quando finalmente gli tirai fuori l'amara verità. Dopo tutto quello che ci aveva fatto passare, lui disperato per il poco lavoro ed i pochi soldi si era rivolto a degli strozzini che lo stavano prosciugando sia economicamente che vitalmente. Aveva rifatto lo stesso errore con i figli dei suoi vecchi amici che gli avrebbero e ci avrebbero mangiato tutto. La mia reazione fu violentissima, mi scaglia contro di lui, lo buttai a terra e lo presi a calci, lo volevo ammazzare, mi passò davanti tutta la mia vita, lo odiavo, volevo che morisse, mi dovetti fermare, spaccai tutto, il computer, spaccai porte, vetri ero un uragano per miracolo non mi ruppi una mano colpendo con tutta la rabbia e la forza che avevo il muro di quel maledetto locale. Non sapevo cosa fare ero fuori di testa, presi mio padre dal collo e mi feci dire i nomi degli strozzini e quanti soldi doveva ancora dare. Presi un blocchetto di assegni e partii per andare dagli usurai, alla ricerca di quelle persone, sapevo che rischiavo grosso ad andare a trovarli potevo anche non fare più ritorno da quella ricerca. Mandai un messaggio alla mia ex che era un poliziotto e chiamai mio cugino dicendogli dove stavo andando e chi dovevo incontrare, gli dissi che se non sarei tornato lui sapeva chi mi avesse fatto sparire. Ero assatanato, non mi interessava più un cazzo di niente, vivere, morire ormai per me era uguale, ma questa storia sarebbe finita in un modo o in un altro quel giorno stesso. Non avrei passato nemmeno un giorno con tutti i fantasmi del passato, non avrei permesso al passato di tornare presente, non mi sarei più nascosto o scappato de quel mondo che mi risucchiava sempre dentro di sé. Arrivai nel posto dove avevo fissato l'incontro con quelle persone, cominciammo a discutere e dissi che la storia finiva quel giorno. Erano in due e non sembravano per niente intenzionati a fermare la storia. Non mi feci intimorire per niente, gli dissi poche parole." Cari amici, la situazione è questa, mio padre ha rubato i soldi della società di famiglia per darli a voi, ora io dovrei andare a denunciare, non voi ma mio padre, che verrà interrogato e dovrà prima o poi dire che fine hanno fatto quei soldi, e vi assicuro che se l'ho convinto io a calci ed a pugni a dire dove sono finiti quei soldi, infatti sono qui da voi, lo convinceranno anche i carabinieri, ora le soluzioni sono: 1) Sotterrarmi così che nessuno mi trovi più. 2) Nella mia mano sinistra ho un blocchetto di assegni, la cifra la conosco ma vi pago con un assegno così resta traccia di questo pagamento. 3) Nella mia mano destra ci sono abbastanza schiaffi per tutti e due. Erano due ragazzini che si atteggiavano a boss di paese. Non mi facevano paura, sapevo benissimo che potevano anche spararmi lì in quel preciso istante, ma la mia rabbia, la mia follia e le mie palle li bloccarono, li conquistai, paradossalmente avevo parlato la loro lingua, successe una cosa da film o da storiella di paese. Mi risposero: "Compare tu hai le palle, il debito è saldato, meriti

il nostro rispetto. Io ero come sotto effetto di cocaina, almeno credo non so come sia la cocaina mai provata, mi sentivo Superman, gli dissi bene vi saluto. Entrai in macchina e fino a quando non partii credevo che mi sarebbe arrivata una scarica di pallottole contro ma non fu così.
Arrivai da mio padre, gli dissi che avevo chiuso i conti con tutti e che da quel giorno lui non doveva più occuparsi di niente e che non avremmo più avuto nessun rapporto perché per me lui era ormai come fosse morto. Cercai in tutti i modi di ritrovare lo stimolo per ricostruire tutto ma ormai tutto mi sembrava perso. Quella notte nel mio letto piansi come un bambino, non ero fiero di me, si avevo salvato mio padre da una cosa molto grave, ma nella giusta rabbia l'avevo massacrato, mi sentivo male, non è una bella sensazione dare uno schiaffo a tuo padre io che da lui ne ho preso solo uno, per un orecchino che ancora porto. Mi addormentai piangendo e sognai, sognai me piccolissimo sulla spiaggia che guardavo felice mio padre che faceva un castello di sabbia per me.

Capitolo 10

Il profumo della resa

Dalla rabbia alla disperazione il passo è breve. Cominciarono dei giorni sospesi per me, cercavo di capire dove avessi sbagliato, sfogliavo e sfogliavo le pagine della mia vita come in un album di foto sbiadite cercando di vedere il momento dell'errore per cercare di rimediare, si perché quello che mi riesce veramente bene e accollarmi la colpa e la responsabilità di tutto quello che succedeva a casa mia. Non vedevo uno spiraglio di luce da nessuna parte, volevo scappare andarmene e lasciare che tutto andasse in malora. Non sono sicuro di saperlo fare ma ho anche pregato, una preghiera senza parole, quella che fai ad un Dio che non hai mai visto a cui non hai mai creduto e che vorresti che arrivasse li a risollevarti. Mi sentivo totalmente perso. Alla fine, l'unica cosa che potevo fare per salvare tutto era un patto con il diavolo.

Trovai la persona giusta al momento giusto. Un altro amico che aveva bisogno di fare affari con un'azienda pulita, trovai il modo per mantenere il controllo di tutto, nessuno poteva capire cosa stessi facendo ed infatti dopo poco mi ritrovai tutti contro, ma il mio gioco non poteva essere rivelato, dovevo lasciare che il tempo piano portasse l'acqua al mio mulino, diventai qualcosa che non sono stato mai, diventai una spugna. Mi prendevo tutto, offese da tutti i lati, sia dalle persone che avevano il mio stesso sangue, sia dai miei nuovi soci, convinti di avere il controllo di tutto e di lasciarmi fuori al momento propizio. Ma io stavo tessendo una tela come un ragno silenzioso, mi finsi amico, complice, mi finsi debole ed il diavolo comincio a fidarsi di me, dall'altro lato questo creò in tutti i miei famigliari un profondo odio nei miei confronti, solo mio padre era sempre e comunque dalla mia parte. Ricominciammo a parlare, era passato un anno da quando lo avevo massacrato sia fisicamente che moralmente. Le cose andavano meglio ma il controllo di tutto non era nelle mie mani, ma sapevo che al momento giusto avrei potuto ribaltare tutto dalla mia parte. Nemmeno mio padre doveva sapere cosa avevo in testa, non potevo dirglielo per me lui restava una persona debole e labile. Lo vedevo giorno dopo giorno rinchiudersi dentro sé stesso, stava tutto il giorno nel suo studio a guardare la televisione, sentivo un nuovo profumo accanto a lui, il profumo della resa, se avessi saputo che il suo tempo stava finendo forse avrei parlato con lui, avrei cercato di capire, e cercato di fargli capire le mie scelte e tutte le volte che mi ero sacrificato per lui, ma in quel momento avevo una sporca missione da compiere. Resistere era la mia missione, il diavolo aveva le mani legate, poteva fare tutto ma io avevo l'ultima parola su tutto. Tutto riprese a girare, ma avevo tutta la mia famiglia contro, scontri verbali molto forti e uno di questi una sera culminò in una brutta lite famigliare con mio fratello che mi prese a pugni io nemmeno reagii ma quel giorno chiusi tutti i miei rapporti con lui. Credo che quel giorno mio padre smise di lottare per la sua vita ma io feci finta di non capirlo. Quando le cose vanno male ti sembra che non ci sia scampo, fai un passo avanti e poi il giorno dopo tre indietro. Cominciai a pensare che forse mi ero illuso di poter controllare tutto ma ora ero esausto di tutto non ne valeva più la pena dovevo salvare la cosa più importante, me stesso.

Capitolo 11

Il profumo della Morte

L'estate del 2018 fu l'ultima estate di mio padre, cominciò con una febbre, una febbre che non passava, non ci feci subito caso all'inizio, troppo preso da tutto quello che mi stava addosso, l'estate passò velocemente e a Settembre ci fu l'evento che cambio di nuovo il corso della mia vita, la goccia che fece traboccare il vaso della mia sopportazione ormai strapieno, una lite furiosa con il diavolo, il mio socio che si scagliò su di me io mi lasciai aggredire, avrei potuto stenderlo subito, ma ero stanco, la scena si svolse davanti agli occhi di mio padre e penso che gli dette il colpo di grazia, che con la febbre addosso corse a darmi sostegno. Quel giorno capii che dovevo andare via, avevo una vita da salvare ed avevo un amore da non perdere. Chiamai l'unica persona che poteva veramente portarmi via da quel posto e riportarmi a Roma, Ennio il mio amico, il mio capo, il mio socio, il mio nuovo padre. Lui mi disse di partire subito. Feci le valigie nella notte, ma prima di partire dovevo portare mio padre a Palermo da mia sorella che lo avrebbe portato a fare delle visite. L'ultimo viaggio con mio padre sprecato a litigare per le solite parole di mia madre che voleva che facessi pace con mio fratello. Lo guardavo e lo vedevo debole, stanco, non stava per niente bene, anche se sarebbero passati ancora pochi mesi non volevo credere al profumo che sentii in macchina durante quel viaggio, io accanto a lui sentivo il profumo della morte, ma non volevo crederci e non potevo accettarlo. Con mia sorella fissammo un appuntamento a metà strada in un autogrill in autostrada, c'erano le mie nipoti, mangiammo tutti un panino, io sentivo dentro di me che non avremmo più avuto quei momenti con mio padre presente, forse dovevo restare ma dovevo andare via, stavo andando fuori di testa.

Arrivai a Roma avevo 45 anni e ricominciai tutto da capo come quando ne avevo 18. Ennio mi prese con lui nella sua casa discografica, lavoravo giornate intere, volevo che quella diventasse per sempre la mia vita, il mio lavoro. Di giorno lavoravo come un pazzo per non pensare e la notte non dormivo, e quando dormivo avevo incubi e mi svegliavo impaurito che mio padre potesse peggiorare e le notizie che mi dava mia sorella non erano per niente buone. Ma io non dovevo mollare, avrei forse dovuto stare vicino a mio padre, ma so che lui non voleva questa volta che io tornassi ancora indietro, sentivo in cuor mio che lui voleva che io prendessi finalmente la mia strada, che pensassi alla mia vita. Spesso stavo male anche al lavoro, per fortuna Ennio mi è stato sempre molto vicino, sentivo che mio padre stava sempre più male e spesso pensavo di tornare a casa. Ero disperato, un giorno Ennio durante un mio momento di crisi mi disse una cosa che oggi mi aiuta spesso nei miei momenti no. Mi aveva portato a cena forse perché non mi voleva lasciare solo, non stavo proprio bene, ero molto giù e molto preoccupato, di solito andava a casa ma quella sera volle andare a cena in un posto dove andavo di solito. Avevo ricevuto una telefonata straziante da parte di mia madre che mi diceva che mio padre stava male, che non riusciva a mangiare e che voleva riportarlo a casa, che non voleva che morisse a Palermo ma a casa sua. Io ero disintegrato, avevo di fronte a me Ennio e non riuscivo a trattenere le lacrime mentre mangiavamo, mi alzai per la vergogna ed uscii fuori solo per non farmi vedere piangere, lui resto al tavolo, giustamente, quando tornai dentro e mi sedetti lui mi disse la frase che forse mi ha salvato la vita in quel momento, ma credo che me la salverà per sempre: "Giuliano, devi capire che la cosa più importante al mondo per te sei tu" mi disse" I sensi di colpa possono uccidere

e lo dico io che non ho voluto aiutare mio padre nemmeno quando me l'ha chiesto". Quella frase adesso mi rimbomba dentro ogni volta che qualcuno prova a farmi sentire in colpa, che prova a ferirmi io me la ripeto sempre allo stesso modo "Giuliano la cosa più importante per te sei tu".
Arrivò Natale e tornai a casa, non fu un bel Natale ma lo usai per stare vicino a mio padre. Non aveva più la forza di fare niente, lo prendevo dalla sedia a rotelle e lo poggiavo sulla sedia del tavolo o sulla tazza del cesso. Lo imboccavo e lo mettevo a letto. Ero diventato io il padre e lui il figlio. Chissà quante volte da bambino mi aveva cullato e imboccato, sicuramente momenti felici. I miei erano tutti momenti tristi ma non volevo perdermeli, sapevo che erano gli ultimi anche se speravo come tutti in un miracolo. Il giorno stavo con mio padre cercavo di recuperare tutto il tempo che avevo perso quando pensavo solo a me stesso e alle mie cose. Spesso negli anni in cui lo odiavo pensavo al giorno in cui sarebbe stato male, pensavo che non avrei avuto la forza di stargli vicino. Ero uno stupido, invece gli sono stato molto vicino, gli tenevo la mano e sentivo la sua con la poca forza che aveva stringere la mia, eravamo di nuovo padre e figlio eravamo di nuovo in pace, tutto l'amaro era svanito, non mi interessava più dei suoi sbagli mi interessava solo di non perdermi nemmeno un minuto adesso. Finite le vacanze di Natale il giorno che dovevo tornare a Roma a lavorare prima di salutarlo gli dissi che se avesse voluto sarei potuto restare a casa, lasciare il lavoro e stare lì con lui, lui mi guardò negli occhi e non disse niente solo un cenno con la testa per dirmi no. Lui voleva che io andassi via

e che pensassi a me, capii in cuor mio che era l'ultima volta che lo vedevo vivo anche se volevo credere sempre al miracolo. Gennaio 2019 passò velocissimo mio padre entrò in ospedale all'inizio dell'anno, io lavoravo e sentivo ogni giorno mia madre al telefono sempre più disperata, cercavo di parlare con mio padre al telefono ma lui non riusciva più nemmeno a parlare. Forse dovevo partire e tornare almeno per vederlo vivo, ma in testa mi rimbombava la frase di Ennio e negli occhi la sua testa che mi diceva no e mi aiutarono a non mollare e poi c'era sempre in me la speranza del miracolo. Non dormivo più praticamente da mesi, chiudevo gli occhi la notte ma non mi addormentavo e quando riuscivo ad addormentarmi mi svegliavo di soprassalto e non chiudevo più occhio, ero stanco lavoravo fino a mezzanotte certe sere, tanto alla fine ero solo a Roma, qualche vecchio amico che ogni tanto mi faceva compagnia. Il 5 Febbraio mi alzai con un forte mal di testa ero un po' più tranquillo perché il giorno prima dopo un mese che non parlavo con mio padre lui stava meglio ed al telefono mi disse che aveva mangiato e che gli stronzi dei medici avevano finalmente capito quello che aveva, mi sembrò che ci fosse realmente stato il miracolo, tanto è che quel mal di testa non mi dava nemmeno fastidio, a pranzo chiamo mia madre ed era tranquilla, mio padre stava meglio aveva finalmente mangiato, era tornato il sole. Ero in ufficio a lavorare, avevamo un sacco di cose da fare, ora la mia testa era più libera dai brutti pensieri, ma fu come un tonfo sordo. Alle 16:30 mi squilla il telefono e appare una scritta che mi ragela il sangue "Mother" a quell'ora una chiamata di mia madre voleva significare solo una cosa. Ero alla scrivania difronte Ennio mi alzo e vado nell'altra stanza, rispondo al telefono, mia madre piangeva, e mi dice di partire subito che stavano portando a casa mio padre perché non c'era più niente da fare e voleva che morisse a casa sua. Torno da Ennio e gli dico che dovevo partire, prenoto il viaggio, l'autobus parte alle 22:10 dalla stazione Tiburtina. Alle 18:30 ci salutiamo con Ennio lui mi abbraccia come un padre, Giuseppe un collega mi dice che resta con me per accompagnarmi all'autobus. Vado a prendere i miei bagagli e ancora presto e gli dico di andare a mangiare una cosa assieme in un bar dove la sera vado sempre a cenare da quando sto a Roma, oggi è un bar di amici con cui passo le mie serate a volte. Mentre sono li arriva Raffaele il mio amico d'infanzia e poi il mio ex bassista, lui arriva proprio quando ho finito di parlare al telefono con mia cugina che mi dice che mio padre è morto. Chiudo il telefono e mi metto a piangere sulla spalla del mio ex bassista, la prima persona che chiamo è Ennio, lui mi dice di stare tranquillo e di tornare a Roma quando voglio, sto a tavola con i tre amici che mi rendono meno doloroso quel momento, tanto so che avrò tutto un viaggio da solo per pensare e i giorni dopo per piangere. Scherzo pure al tavolo, sono io che consolo e rincuoro i miei amici che sono visibilmente scossi e tristi per me. Arriva il momento della partenza li saluto li al bar ma me li ritrovo tutti al pullman mi rendo conto che ho sempre avuto quegli amici e che ero meno solo di quanto credessi. Li saluto di nuovo e salgo sull'autobus che mi riporterà a casa, da mio padre. Il viaggio è lungo e comincio a pensare ad un sacco di cose, però mi sento stranamente più tranquillo, non perché sia insensibile e come se qualcuno mi stringe in quel sedile, come se qualcuno mi stesse consolando, sento una carezza sulla guancia e mi addormento e sogno. Sono sulla spiaggia il castello di sabbia è finito, questa volta non lo rompo ma mi sento solo, mi guardo intorno e non vedo nessuno accanto a me.

Capitolo 12

Il profumo dell'assenza

Oggi è un anno che manchi, un anno che ho passato lontano da casa, un anno in cui sono successe tante cose belle, anche difficili, giorni pieni, giorni vuoti, giorni tristi, giorni festosi, giorni frustanti, un anno senza la tua voce, anche se non parlavi mai tanto o forse ero io che non ascoltavo quello che cercavi di dirmi. Oggi siamo stati al cimitero con la tua Margherita, soli io e lei, oggi me li godo di più questi momenti, cerco di non sprecare più tanto tempo, chissà per quanto sentirò ancora la sua voce. Ti abbiamo portato dei fiori, dei ceri, lei ha un po' pianto, io le mie lacrime le tenevo dentro. Margherita, mia madre è comunque un personaggio da romanzo, prima di uscire dal cimitero mi ha fatto fare un giro di nonni, parenti e amici vari, ho apprezzato questo suo rispetto per persone care nonostante il suo dolore era per te. È questa cosa che ora apprezzo in lei, l'altruismo del dolore, la sua purezza, forse è questo che ti ha fatto innamorare di mia madre, nonostante lei ti vendesse nel suo bar biscotti scaduti e ti avesse portato una volta al tavolo del suo ristorante un piatto di pasta che gli era caduta per terra, e te l'ha pure confessato dopo sposati. È stata una mattinata leggera, calda, poi sono arrivate Allegra e Cristina, le mie e tue nipoti, Allegra è venuta per la messa del suo migliore amico, suo nonno è il suo migliore amico, mi ha detto che la notte prima di addormentarsi tu le fai ancora il solletico ai piedi e gli carezzi i capelli, credo che sia vero lei è troppo pura per non dire una cosa vera. Abbiamo pranzato e poi sono entrato nel tuo studio e mi sono seduto sulla tua poltrona, ho guardato le tue foto sul muro della mia stanza, la foto della partita del secolo, mi ricordo ancora quei due gol da centrocampo, io ero in tribuna e non avrei mai creduto che sapessi giocare al pallone. Seduto su quella poltrona nonostante fossi raffreddato ad un certo punto ho sentito un profumo, con il naso tappato dal raffreddore il profumo era fortissimo, era il profumo dell'assenza. Mi manchi papà, mi manca il tuo silenzio, mi manca il tuo sorriso semplice, mi manchi quando sono al tavolo e al tuo posto si siede mia madre, mi manchi quando entro nel tuo studio a rovistare nei cassetti e nelle tue carte, alla ricerca di tracce. Ho passato la vita a segnarmi le cose che mi hai tolto, le cose che non mi hai dato ed oggi in un solo secondo ho visto tutte le cose che mi hai regalato. Un elenco così lungo che passerò il resto della mia vita a ricordarlo. Oggi non voglio essere più il figlio di nessun altro, oggi sono di nuovo quel figlio che guarda suo padre e lo vede come un supereroe e in realtà lo sei stato veramente. Oggi l'ho finalmente ammesso a me stesso. Siamo andati in chiesa, c'erano meno persone del tuo funerale ma c'erano le persone che ci saranno sempre. La tua famiglia, gli amici veri, le tue nipoti, ho preso la comunione per te al posto tuo, per la tua fede che vorrei avere, per la tua onestà che ora inseguo, per la tua forza che oggi ti invidio, per il tuo sorriso che ti ha dato amore, amicizia, rispetto e stima. Oggi posso essere finalmente in pace con te forse per essere in pace con me ci vorrà più tempo, ma questo è già un buon inizio. Domani ricomincio a fare quello che grazie a te oggi so fare, la musica. Grazie papà per la prima lezione di piano, grazie per gli strumenti, grazie per le scuole, grazie per i concerti che ho fatto e che tu a tuo modo hai sponsorizzato, ricordo come fotocopiassi i giornali e ne facevi fotocopie per tutti. Grazie di avermi aiutato quando ero solo, quando gli altri non mi volevano tu c'eri sempre, grazie di aver tenuto il peso di tutto senza mai lamentarti con nessuno. Grazie del nome figo che mi hai dato, Sisto come Nikki Sixx dei Mötley Crüe. Grazie papà dovunque tu sia, un po' piangerò lo so, ma se puoi ogni tanto passa pure da me a farmi il solletico e a carezzarmi i capelli come sicuramente facevi quando ero piccolo. Ogni tanto spingimi, fammi cadere se sto per fare una cazzata e aiutami a rialzarmi, soffiami nelle orecchie, ispirami grandi idee se hai tempo, dammi un po' di quel profumo che ho fatto sempre finta di non sentire e che ora mi manca immensamente. Buonanotte papà, io sono il figlio che mi hai fatto diventare e di questo oggi ti dico grazie. Domani scriverò l'ultimo capitolo di questa storia, la storia di un figlio e di un padre che si ritrovano solo dopo essersi persi

Capitolo 13

Il profumo di mio padre

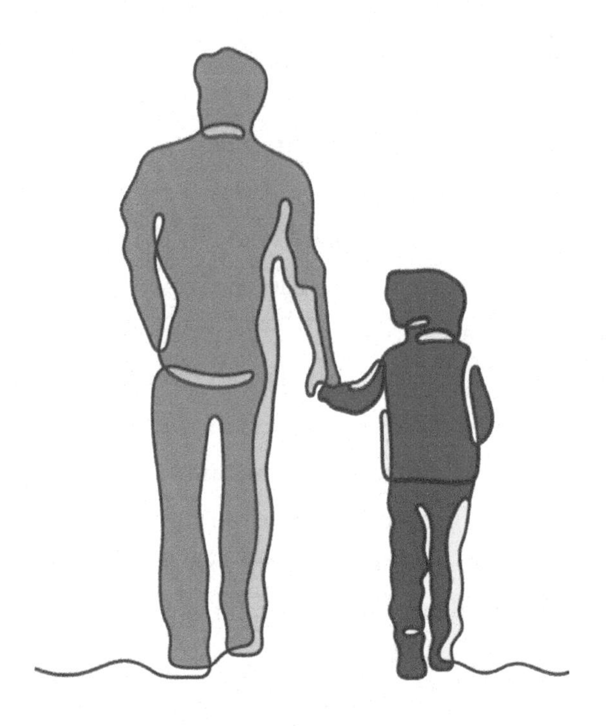

Non ho ripreso a scrivere il giorno dopo la messa ho fatto passare del tempo, forse mi serviva rimettere a posto tanti pensieri, sono tornato a Roma a lavoro ed ho portato i miei strumenti. È ora di ricominciare a suonare, forse ho fatto pace con me stesso o almeno con quel me stesso che era in guerra con un Padre che sfuggiva a qualsiasi confronto. Oggi sono di nuovo io credo, a casa le discussioni sono aumentate, ma in un giorno si sono placate, ho fatto una mossa che non avevo programmato, forse qualcuno mi ha ispirato e credo che le cose andranno meglio o almeno è quello che spero. Stanno succedendo cose belle attorno a me la mia vita è ancora pericolosamente in bilico, ma ho come la sensazione che la mia fortuna sia dietro l'angolo e questa volta sarò più paziente, non mi farò prendere dalla paura e dall'ansia, non la lascerò sfuggire. suonerò a Musicultura avrei voluto che mi vedessi, ma forse da lassù mi vedrai. Avrai fatto qualche abbonamento satellitare come facevi per vedere le partite. Voglio essere meglio di quello che sono, voglio raggiungere i traguardi che tu hai sempre sognato per me, è strano come adesso credo di somigliarti. Vorrei solo non sbagliare più, vorrei riuscire a restare gentile come lo eri tu anche in mezzo ai guai, ma voglio essere più forte quando incontro i tuoi amici, guardarli negli occhi, senza timore e incutere in loro il rispetto che io merito grazie a te. Oggi sono un uomo di 46 anni con un'innata voglia di divertirmi fare quello che mi piace oggi ti sento sempre molto vicino e non credo che sia per il profumo che uso, so solo che oggi sento forte quello che prima non sentivo, lo sento vicino e nella mia pelle il profumo di mio padre. Aspetta prima di finire ho ancora una cosa da dire a chi leggerà questo libro. Non lasciate passare il tempo che avete da poter passare con chi amate, non rimandate, non curate la rabbia, lasciatela morire dentro di voi, cercate di dire il bene che volete a qualcuno perché l'unica cosa che ho capito nella mia storia è che ho sprecato la vita che mi era stata data da vivere con mio padre e se potessi tornerei indietro al mio primo non vagito, sono nato morto ma questa è un'altra storia, ritornerei indietro per vivermi ogni singolo momento perduto della vita con mio padre.

Dedicato a Paolo

PLAYLIST

1. **Yesterday** - *The Beatles - Help!*
2. **Sad Song** - *Lou Reed - Berlin*
3. **Father And Sons** - *Cat Stevens - Tea For The Tillerman*
4. **True Blue** - *Madonna - True Blue*
5. **Smoke Get In Your Eyes** - *The Platters - Remember When?*
6. **Hotel California** - *Eagles - Hotel California*
7. **Sunday Bloody Sunday** - *U2 - War*
8. **Ob-La-Di, Ob-Da-La** - *The Beatles – White Album*
9. **Comfortably Numb** - *Pink Floyd - The Wall*
10. **Whit Or Whitout You** - *U2 - The Joshua Tree*
11. **The Godfather: V.Love Theme** - *Nino Rota - Music for film*
12. **I Soliti Cosi** - *Omertha' - Importè D'Italie*
13. **Amused to Death** - *Roger Waters - Amused to Death*
14. **Are You Gonna Go My Way** - *Lenny Kravitz - Are You Gonna Go My Way*
15. **Tutu** - *Miles Davis - Tutu*
16. **Red Wind** - *Jan Garbarek - Visible World*
17. **Figli Di Annibale** - *Almamegretta – Figli Di Annibale EP*
18. **El Diablo** - *Litfiba - El Diablo*
19. **Forma e Sostanza** - *C.S.I. - Tabula Rasa Elettrificata*
20. **Luna China** – *Omertha' - Sulinta*
21. **Help** - *The Beatles - Help!*
22. **Stairway to Heaven** - *Led Zeppelin - Led Zeppelin IV*
23. **The End** - *The Doors - The Doors*
24. **Retrattile** - *Marlene Kuntz - Il Vile*
25. **Ad Esempio A Me Piace Il Sud** - *Rino Gaetano - Ingresso Libero*
26. **Che Vita È** - *Irene Grandi - Per Fortuna Purtroppo*
27. **Through The Barricades** - *Spandau Ballet - Through The Barricades*
28. **Zombi Power** – *Omertha' - Sulinta*
29. **Mojo Pin** - *Jeff Buckley - Grace*
30. **Senza Vento** - *Timoria - Viaggio Senza vento*
31. **Californication** - *Red Hot Chili Peppers – Californication*
32. **Le Solite Cose** - *Cristina Donà – Tregua*
33. **Voglio Essere Fumo** – *Domenico Sisto – Rubens Non Deve Vincere*
34. **Ubriaco Canta Amore** - *Bandabardò - Iniziali Bi Bi*
35. **N'euru** - *Marvanza Reggae Sound - Frontiere*
36. **Cildren Ov Babilon** - *Bisca - Questo Non È L'unico Mondo Possibile*
37. **Randagi** - *Malfunk - Randagi Con Un Cuore Enorme*
38. **Bologna E Piove** - *Federico Poggipollini - Nella Fretta Dimentico*
39. **O Que Serà** - *Irio De Paula – Sozinho*
40. **Da Dove Vengo Io** – *Domenico Sisto & OMC – U Tempu Rallenta*
41. **Annarella** - *CCCP Fedeli Alla Linea - Epica Etica Etnica Pathos*
42. **Insieme** - *Mina - Quando Tu Mi Spiavi In Cima A Un Batticuore*
43. **Io, Una Ragazza E La Gente** - *Claudio Baglioni - Un Cantastorie Dei Giorni Nostri*
44. **Sordi Pe Tassi** – *Marvanza Reggae Sound – Soluziescion*
45. **Madnes** - *Muse - The 2nd Law*

46. **Peace Piece** - *Bill Evans - Everybody Digs Bill Evans*
47. **Redemption Song** - *Bob Marley & The Wailers - Uprising*
48. **Lullabye** - *The Cure - Disintegration*
49. **Mother** - *Pink Floyd - The Wall*
50. **Vivere** - *Vasco Rossi - Gli Spari Sopra*
51. **Il Giorno Di Dolore Che Uno Ha** - *Luciano Ligabue - Su E Giù Da Un Palco*
52. **Fango** - *Jovanotti, Ben Harper - Safari*
53. **Altrove** - *Morgan - Canzoni Dell'Appartamento*
54. **Girls, Girls, Girls** - *Mötley Crüe - Girls, Girls, Girls*
55. **Nu Jornu** – *Domenico Sisto & OMC – U Tempu Rallenta*

Indice:

Made in the USA
Las Vegas, NV
17 April 2022